N.

ZU DER LANDSCHAFT STAPELHOLM GEHÖRIGE LÄNDEREYN.

nac

Friderichstadt.

ZU DER LANDSCHAFT SUDER DITMARSCHEN GEHÖRIGE LANDFREYEN.

ZU DER HOHNER

ZU DEM AMTE RENDSBU

Der alte Eiderkanal
– Schleswig-Holsteinischer Kanal –

Von Gerd Stolz

herausgegeben
anläßlich des 200. Jahrestages seiner Inbetriebnahme am
17. Oktober 1784

Westholsteinische Verlagsanstalt Boyens & Co.
Heide in Holstein

KLEINE SCHLESWIG-HOLSTEIN-BÜCHER · BAND 34

Herausgegeben von den
Provinzial Versicherungen, Kiel

Wissenschaftlicher Betreuer: Prof. Dr. Ernst Schlee

ISBN 3-8042-0297-7

© Westholsteinische Verlagsanstalt Boyens & Co., Heide in Holstein 1983
Alle Rechte, auch die des auszugsweisen oder fotomechanischen Nachdrucks, vorbehalten
Herstellung: Westholsteinische Verlagsdruckerei Boyens & Co., Heide in Holstein
Printed in Germany

INHALT

Einführung

Schleswig-Holstein hat als Teil der Cimbrischen Halbinsel die Gestalt und Funktion einer Landbrücke zwischen Mitteleuropa und dem skandinavischen Norden; es ist, zwischen zwei Meeren gelegen, ein Durchgangsland. Während meist die Nord-Süd-Richtung in der Geschichte des Landes betont wird, übersieht man allzu leicht, daß es auch eine Ost-West-Achse gibt. Das Meer im Osten wie im Westen bildet die einzigen natürlichen Grenzen. Die beiden Meere sind aber nicht nur Hindernis oder Schranke, sondern vielmehr Straße und Weg für den Austausch materieller und geistiger Güter.

In einer wechselvollen Geschichte entwickelte sich jenes Schleswig-Holstein, dessen „Zusammenbleiben" nach dem Ripener Freiheitsbrief von 1460 ewig gewährleistet sein sollte. Nach Jahrzehnten innerer und äußerer Kämpfe, Teilungen und Zersplitterungen begann in der zweiten Hälfte des 18. Jahrhunderts für die Herzogtümer Schleswig und Holstein mit dem Ende des Nordischen Krieges eine Zeit allgemeinen Aufschwungs, an dem alle Volksschichten teilhatten. Voraussetzung hierfür war die politische Entspannung.

Mit dem Machtverfall Schwedens im Nordischen Krieg mußte auch der Gottorfer Herzog auf seine schleswigschen Besitzungen verzichten, und durch die Tauschverträge zwischen Dänemark und Rußland von 1767 und 1773 wurden die Herzogtümer wieder unter der dänischen Krone vereint. Sie wurden Glieder des von der Elbe bis zum Nordkap reichenden dänischen Gesamtstaates, ohne jedoch mit dem Königreich Dänemark verschmolzen zu werden. Eine Vielzahl rechtlicher und kultureller Sonderformen wurde beibehalten. Drei Nationalitäten, die dänische, norwegische und deutsche, waren in Eintracht und Frieden unter demselben Herrscher geeint.

Es war eine Epoche, die häufig als Goldenes Zeitalter bezeichnet wird. Die Künste erblühten, und vielen Persönlichkeiten gelangen Werke, die innerhalb und außerhalb der Staatsgrenzen in ganz Europa Beachtung fanden. Eine harmonische Entwicklung leitete zwar durch Krisen, aber ohne Kriege über zum modernen, sozial aufgeschlossenen Staat.

Die Ideen, die dieses Zeitalter des Umbruchs bestimmten, waren die der Aufklärung, des Weltbürgertums, des Friedens und des Merkantilismus. Nicht durch Revolution wollte man die neuen Gedanken in die Tat umsetzen, sondern durch Reformen und Umstrukturierungen. Hervorragendes Beispiel sind die großen Agrarreformen mit der Aufhebung des Flurzwanges und der Leibeigenschaft, um einen freien, selbstverantwortlichen Bauernstand zu schaffen. Handel und Gewerbe erlebten durch innerstaatliche Begünstigung einen großen Aufschwung, Kolonialwirtschaft und Übersehhandel eröffneten neue Märkte und Wege.

Es war auch eine Zeit der kulturellen Blüte in der Musik, in der

Literatur, in der Kunst und im Theater. Gesellschaftskritik und Philosophie fanden sich wieder in einer Vielfalt widerstreitender ethischer und religiöser Auffassungen. Eines der geistigen Zentren war der „Emkendorfer Kreis", dem auch Matthias Claudius angehörte. In Emkendorf, das auch eine „Akademie des Nordens" genannt wurde, wurde nicht nur über die beste Religion und die beste Dichtung, sondern ebenso lebhaft über die beste Staatsform gestritten.

Die bedeutendste Persönlichkeit dieser Gesamtstaat-Zeit war der Minister des Auswärtigen Andreas Peter Bernstorff, der Eintracht und Wohlfahrt im Innern mit Frieden und Ausgleich im Äußern zu verbinden suchte. Als Realpolitiker wünschte er bei allem Eigenleben der einzelnen Teile des Gesamtstaates die Harmonie des Ganzen, um für seine Außenpolitik einen sicheren Rückhalt zu haben. Unter allen Umständen für Dänemark den Frieden zu erhalten, war ihm oberster Grundsatz – und er erreichte es mit einer strikten Neutralitätspolitik, die jedes Risiko einer Verwicklung in kriegerische Ereignisse vermied. Zugleich verstand er es, durch überlegte Mitbeteiligung an Bündnisgruppen einer politischen Isolation des Gesamtstaates aus dem Wege zu gehen. Es gelang ihm, durch vorsichtige Kompromisse weiterzukommen und Umwälzungen zu vermeiden. Bernstorff wußte um die Chance des jeweils momentan Möglichen.

Um das Gleichgewicht des Nordens zu wahren, stützte sich Bernstorff auf den Handelsrivalen England und beugte durch diese zwischenstaatliche Verständigung Konflikten mit einem der mächtigsten Nachbarn Dänemarks vor. Aus dieser Grundhaltung heraus vermochte er Dänemark auch aus der französisch-englischen Verwicklung während des amerikanischen Unabhängigkeitskrieges herauszuhalten. Um Dänemark aber andererseits nicht von der weltumspannenden Seemacht England abhängig werden zu lassen, bemühte sich Bernstorff um gute Verbindungen zu Rußland, einem der stärksten Ostsee-Anrainer. Zugleich gewann er durch diese Verbindungen die Rückendeckung gegenüber Schweden mit dessen Rückeroberungsabsichten auf Norwegen.

In jenen Jahren, in denen sich die anderen europäischen Großmächte in Kriegen und Unruhen zerfleischten, trug die dänische Neutralitätspolitik ihre Früchte. Als neutrale handeltreibende Macht mit internationalen Kontakten blieb Dänemark unberührt von Konflikten und gewann die Ruhe, auch innere Reformen durchzuführen. Die merkantilistische Wirtschaftspolitik brachte unter vorteilhafter Ausnutzung von Konjunkturen auch die Gesundung des Finanzwesens, die wiederum Voraussetzung für neue, teilweise kühne Handelsunternehmungen war.

Eines der stolzesten Werke jener Zeit war der Schleswig-Holsteinische Kanal, Europas bedeutendste und längste künstliche Wasserstraße. Dieses wasserbautechnische Unternehmen stellte mit seinen baulichen und finanziellen Dimensionen etwas zuvor in Europa nie Versuchtes dar. Der Wasserweg zur Verbindung von Nord- und Ostsee war eine ehrgeizige (verkehrs-)technische Pioniertat, in technischer Hinsicht auch unzweifelhaft ein überaus großer Erfolg. Der Kanal brachte einen wesentlichen Fortschritt im Bau von Wasserstraßen.

Der Kanal wurde jedoch nicht nur als reine Wasserstraße gesehen, sondern war ein landschaftsübergreifendes Verkehrs- und Wirtschaftssystem; hierbei dürfen wir allerdings nicht vergessen, daß er stets nur als eine Art Notlösung für eine größere Verbindung von der Ostsee zur Nordsee in oder zumindest unter Anschluß an die Elbe angesehen wurde. Die zahlreichen Pläne, die insbesondere ab 1848 hierfür aufgestellt oder diskutiert wurden, zeigen, daß das Provisorium stets mit dieser Vorgabe behaftet war. Aus Kostengründen war (zunächst) nur die billigste, kürzeste und technisch günstigste Linienführung gewählt worden. siehe Vorsatzblätter

Der Schleswig-Holsteinische Kanal wurde im Zeichen des Merkantilismus geplant und gebaut, als Verkehr und Wirtschaft in Nordeuropa aufblühten und die ersten Ansätze einer aufstrebenden Industrie sich abzeichneten. Daß zum Bau des Wasserweges im wesentlichen Material aus dem eigenen Land verwendet, Leute aus dem eigenen Staatsgebiet herangezogen wurden, ist somit nicht verwunderlich. Vorteilhaft hierbei war, daß im dänischen Gesamtstaat der Handel unter den beiden hervorragenden Staatsmännern, den Grafen Johann Hartwig Ernst Bernstorff und seinem Neffen Andreas Peter Bernstorff, nacheinander Außenminister und Leiter der Deutschen Kanzlei in Kopenhagen von 1751–1770 bzw. 1772/1784–1797, für den inneren Verkehr liberalisiert worden war und Schranken zwischen den einzelnen Gliedern des Gesamtstaates nicht mehr bestanden.

J. H. E. Bernstorff sicherte Dänemark durch seine geschickte Politik, die sein Neffe fortführte, Ruhe und Frieden nach innen und außen. Er schuf durch seine oder durch die von ihm initiierten Reformen, die einen allgemeinen wirtschaftlichen und kulturellen Aufschwung zur Folge hatten, auch den finanziellen Rückhalt für ein solch ehrgeiziges Projekt wie den Kanal. Friedrich Gottlieb Klopstock, der damals strahlende Stern am deutschen Dichterhimmel und ein Hausfreund der Bernstorffs, hat die Verdienste des älteren Bernstorff um den Kanal in gefühlvollen Versen festgehalten, die am Fuße einer Pyramide im Garten des Gutes Eckhof dicht hinter der Strander Bucht standen:

Bernstorff
entwarf, leitete, und brachte eine Unternehmung zu Stande,
durch den Tod abgerufen, nur nicht zu Ende, die auch
den Erfolg hatte, daß wir dem Schiffer diesen
kürzeren und sicheren Weg in beyde
Meere eröffnen konnten.
Wer hier der Wegfahrenden oder Ankommenden Flagge
wehen, und Segel schwellen sieht, der erinnere
sich des Grundlegers mit einer guten
Thräne, daß ihm dieser Anblick
nicht ward

Klopstock

Die vordringliche Zielrichtung der Kanalplanungen war die Hebung des dänischen Handels unter Einbeziehung der aus den westindischen Kolonien kommenden Waren und Güter, so daß Heinrich Carl Graf

Schimmelmann, der „Schatzmeister" Dänemarks, bei allem Interesse, das er dem Kanalbau zukommen ließ, gewiß auch den eigenen Vorteil für seine umfangreichen Handels- und Wirtschaftsbestrebungen im Auge gehabt haben mag. Handel und Gewerbe haben ihren Nutzen aus dem Schiffahrtsweg gezogen.

Seinen Namen erhielt der Kanal nach den Herzogtümern, die er auf der gemeinsamen Grenze trennte: Schleswig-Holsteinischer Kanal. Es war ja in einer Zeit, als die Nationalitäten in vieler Hinsicht noch verständnisvoll zusammenwirkten und der Gesamtstaat die große Klammer für alle, Deutsche und Dänen, bildete. Diese Denkungsart hatte später keinen Platz mehr, und so wurde der historische Name nach dem Scheitern der schleswig-holsteinischen Erhebung ersetzt. Vom 6. April 1853 an hieß der Wasserweg nunmehr „Eider-Canal". Es war eine geschickt gewählte Bezeichnung, da sie einerseits rein geographisch gemeint sein konnte, andererseits auch die andere politische Richtung, das „Eiderdänentum", anklingen ließ.

Dieser Name verschwand, als dann 1864 Dänemark die Oberhoheit über Schleswig-Holstein verlor und danach das Land Teil des Königreiches Preußen wurde. Die alte Bezeichnung wurde nun wieder unter ebenfalls nationalpolitischen Aspekten eingeführt, wobei man sich selbstverständlich aber nur auf die historische Überlieferung berief.

Als dann ab Ende der 1880er Jahre der Nord-Ostsee-Kanal geplant und gebaut wurde, führte man zur Unterscheidung wieder den Namen „Eiderkanal" ein, was allmählich auch Eingang in den offiziellen Schriftverkehr und die amtlichen Kartenwerke fand.

Wer in unseren Tagen an den erhaltenen Strecken des alten Eiderkanals, wie die heute allgemein übliche Bezeichnung lautet, bei Projensdorf oder Kluvensiek entlangwandert, sich die Rudimente der Schleusen oder die Packhäuser als anschauliches Unterpfand dieser weitgehend vergessenen Welthandelsstraße anschaut, dem mag dieser Namenwechsel kaum noch bewußt sein.

Der alte Eiderkanal, in seinen Resten noch eindrucksvoll erlebbar (siehe Übersicht auf Seite 82), stellt ein Kulturdenkmal von internationaler Bedeutung dar, das es in seiner Einmaligkeit zu erhalten gilt. Er ist ein zwar stummes, dennoch beredtes Zeugnis für die kulturellen, politischen und wirtschaftlichen Wechselbeziehungen zwischen Dänemark und Deutschland. Der Kanal, seine Bauten sind Erinnerungen an ein Menschenwerk, das zu seiner Zeit vielfach bestaunt, bewundert, gepriesen und beschrieben wurde. „Es ist kein innerer Commerzkanal in dem Sinn . . . wie einige Englische Kanäle . . . sind; sondern ein Conjunctions- und Transitokanal, welcher die Ost- und Nordsee, wie die östlichen und westlichen Küsten der Herzogthümer usw. in nähere schiffbare Gemeinschaft setzt."[1]

11, 17, 18, 32, 44–50

Abb. 1 „Charte von dem Canal-Gange" von I. A. Thiessen aus dem Jahre 1778. – Der Bach, der von dem Kanalbett aufgenommen wird, ist die Levensau. Links oben liegen Gut Knoop und die projektierte Knooper Schleuse, unten in der Mitte die projektierte Rathmannsdorfer Schleuse, rechts oben die Brücke bei Landwehr. Landesarchiv Schleswig-Holstein, Schleswig.

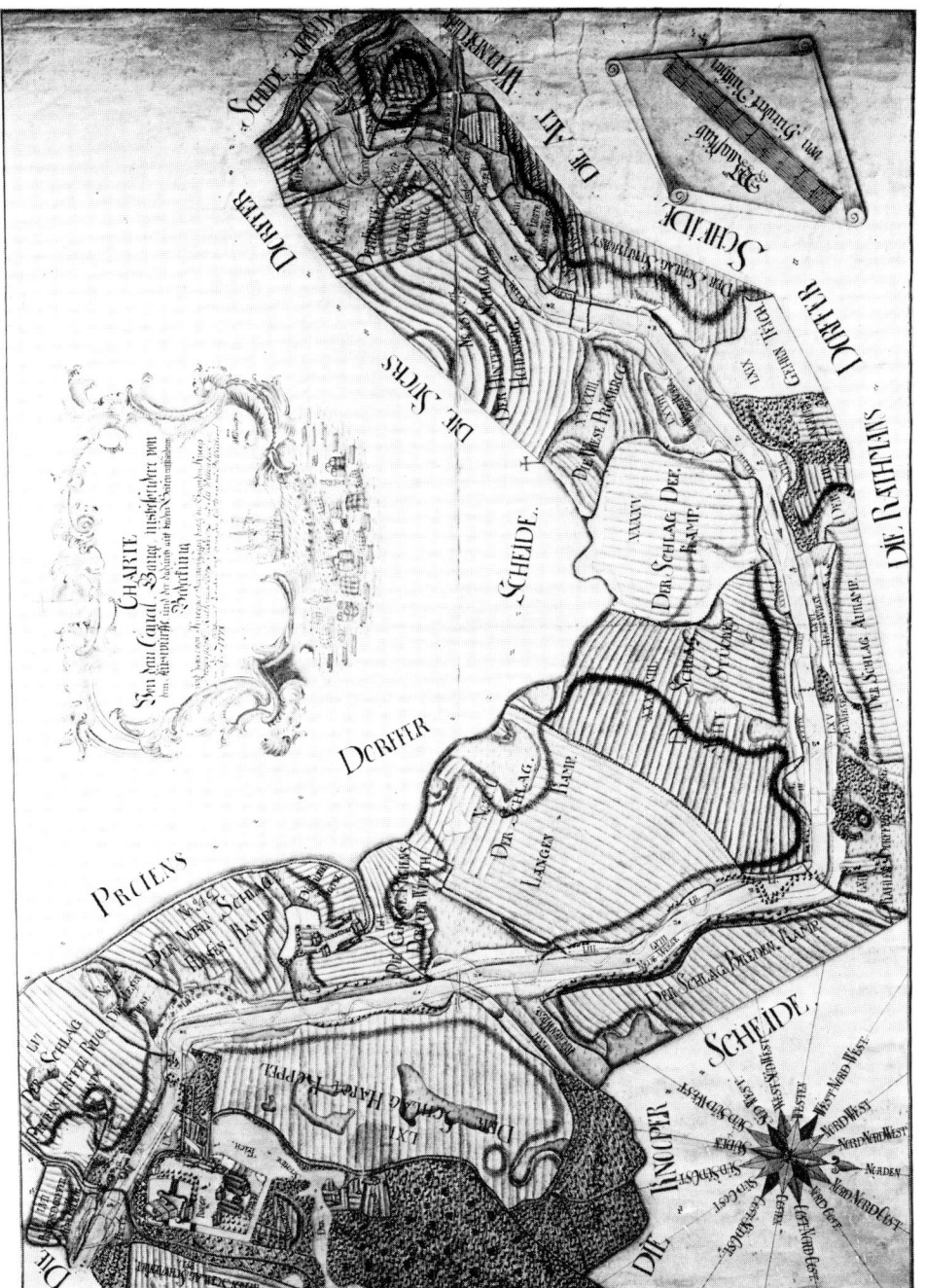

Ältere Kanalpläne in Schleswig-Holstein

Der Wunsch, die Landbrücke Schleswig-Holstein für den Schiffsverkehr „gangbar zu machen", ist sehr, sehr alt. Der europäische Ost-West-Handel suchte immer wieder nach Möglichkeiten einer direkten Verkehrsverbindung zwischen den beiden Meeren, galt es doch, die gefahrvolle und lange Umschiffung der jütischen Halbinsel durch das Skagerrak und Kattegat zu vermeiden.

Die Fahrt um Skagen barg besonders für die damaligen kleinen Segelschiffe durch auflandige Meeresströmungen und meist heftige, häufig böig aufkommende Westwinde erhebliche Gefahren – der Name „Jammerbucht" im Norden Jütlands ist zutreffend gewählt. Wie groß die Zahl der Havarien bei der Umsegelung Jütlands noch in der 2. Hälfte des 19. Jahrhunderts war, entnehmen wir einer Darstellung aus dem Jahre 1860, die für das Jahr 1859 im jütischen Küstenbereich 117 gestrandete Schiffe im Wert von ca. 1 Million Reichstaler aufführt ohne den Wert der Ladungen. Von den Besatzungen ertranken 46 Mann. 4 Schiffe, deren Zahl an Besatzung unbekannt ist, gingen mit „Mann und Maus" unter. Statistisch nicht erfaßt wurde die Anzahl kleinerer Unglücksfälle mit einem Verlust von 400 Menschenleben.

Infolge des im 14. Jahrhundert sich stark entwickelnden Heringshandels, wobei das Lüneburger Salz für die Fischkonservierung eine wichtige Rolle spielte, bemühten sich die Hansestädte Lübeck und Hamburg um eine günstige Ost-West-Verbindung auf dem Wasser. Im wesentlichen auf Betreiben Lübecks wurde daher in den Jahren 1391 bis 1398 der *Stecknitzkanal* in fast gerader Nord-Süd-Richtung zur Verbindung von Elbe und Trave angelegt; von der Ostsee führte der Wasserweg an Lübeck vorbei durch die Trave, von dieser die Stecknitz aufwärts bis zum Möllner See, danach durch den Delvenau-Graben, eine gegrabene Kanalstrecke, und die Delvenau bis zur Elbe. Auf der nördlichen Kanalstrecke Trave–Möllner See gab es fünf, auf der südlichen Strecke bis zur Elbe zwölf Schleusen.

Der Wasserzufluß des Kanals war so gering, daß er nur zweimal wöchentlich benutzt werden konnte, und zwar jeweils nach Aufstauung des Wassers im Delvenau-Graben mit dem dann nach jedem Ende abfließenden Wasserschwall. Die Kanalfahrt Lübeck–Lauenburg dauerte daher regelmäßig mehrere Wochen. Der Kanal konnte somit keine große wirtschaftliche Bedeutung gewinnen, zumal er wegen seiner geringen Tiefe – er konnte an vielen Stellen von Fuhrwerken durchfahren und teilweise sogar durchwatet werden – nur für kleinere Fahrzeuge schiffbar war.

Er wurde hauptsächlich zum Transport unbearbeiteter Waren aus Schweden und Rußland benutzt, deren Landtransport zu schwierig und teuer war, sowie für Massengüter. Bei Kronsforde, Krummesse, Groß- und Klein-Berkenthin, der Halmenburger Schleuse bei Mölln, Büchen und der (heute noch erhaltenen) Palmschleuse bei Lauenburg führten hölzerne Brücken über den Kanal.

Diesem Kanal folgte nach 150 Jahren ein zweiter Wasserweg, der aber nur kurze Zeit bestand – der *Alster-Beste-* oder *Alster-Trave-Kanal*. Im Jahre 1448 hatte Hamburg mit Herzog Adolf VIII. von Holstein den Vertrag über den Bau einer schiffbaren Verbindung zwischen Alster und Trave unter Benutzung der Beste geschlossen. Doch erst nachdem Lübeck ab 1525 das Vorhaben unterstützte, kam es zustande und wurde 1530 vollendet. Dieser sehr gewundene Wasserweg hatte eine Länge von 91 km mit insgesamt 23 Schleusen, davon vier im eigentlichen Kanal, acht in der Beste (nach Nordosten), zwei in der „Alten Alster" und neun von Stegen bis Fuhlsbüttel (nach Süden); er war wegen seiner geringen Wassertiefe nur von kleinen Barken befahrbar. Im Jahre 1550 wurde der Verkehr auf diesem Kanal eingestellt, da Detlev v. Buchwaldt, der Besitzer der Güter Borstel und Jersbeck, deren Gebiete der Kanal berührte, ihn aufgrund eines Streites mit den beiden Hansestädten Hamburg und Lübeck kurzerhand zuschütten ließ.

Einen den Umweg um Skagen ersparenden, *für Seeschiffe benutzbaren* Kanal hat erstmals König Christian III. von Dänemark im Jahre 1550 geplant, wohl eingedenk der Buchwaldtschen Handlungsweise, und zwar von Ripen aus unter Benutzung der Königsau nach Kolding. Das Projekt sollte ausschließlich militärischen Zwecken dienen, es nahm keine Rücksicht auf die internationale Schiffahrt. Warum dieser Plan nicht ausgeführt wurde, ist unbekannt.

Im Jahre 1571 faßte Herzog Adolf I. von Gottorf, ein Bruder Christians III., vielleicht durch dessen Vorhaben angeregt, den Plan eines Seekanals zwischen den beiden Meeren unter Benutzung des Eiderlaufes. Herzog Adolf war in Wasserbaufragen erfahren, denn auf ihn ist die Abdämmung der Treenemündung im Jahre 1570 – eine für ihre Zeit außergewöhnliche Ingenieurleistung – zurückzuführen. Am 10. August 1571 wandte er sich mit einem Brief an Kaiser Maximilian II. mit der Bitte um einen „offnen Schein": „. . . das in dem Fürstenthumb Holstain . . . eine Schiffarth auß der Ostsehe in die Westsehe angerichtet werden khan zu grossem Nutz unnd Vorttl deß ganntzen Hailigen Reichs . . . Unnd wirdt bey meiner Statt Kill, an der Ostsehe belegen, die Gelegenhaidt erspüret unnd befunden, das mit ainem Graben, ungefährlich zwaytausent Rutten lanng, aine Schiffardt durch etliche Sehe und Auen biß in den Wasserfluß, die Eider genanndt, khan gemachet werden, welcher Wasserflus an ime selbst schiffreich ist und in die Westsehe seinen Fall hatt, das also nach gemachtem solchem Graben unnd etzlicher vorfertigen Schleussen die Kauffmanswahren unnd Güter one alle Gefahr unnd Abentheur Wetters und Winds halben uffs lenngst in drey Tagen aus der Ostsehe in die Westsehe unnd ingleichem auß der Westsehe in die Ostsehe sicher und mit gueter Gelegenheit durchgefüeret werden kan . . ."[2]

Herzog Adolf hatte recht genaue Vorstellungen von dem Verkehr auf einem solchen Wasserweg, denn er war der Auffassung, hierüber könnte der Handel u. a. mit Rußland, Polen, Preußen, Pommern und Mecklenburg einerseits, mit Spanien, Frankreich, England, Schottland und Fries- 13 land andererseits unter Umgehung von Gefahrenquellen und ohne Zeitverlust abgewickelt werden.

Die Gründe, daß dieser Plan nicht weiterverfolgt oder gar verwirklicht wurde, sind heute nicht mehr festzustellen. Sie liegen gewiß in den staatsrechtlichen und politischen Schwierigkeiten jener Zeit. Auch Heinrich Rantzau, königlich dänischer Statthalter in den Herzogtümern Schleswig und Holstein, unterstützte einen solchen Plan, machte aber auf die Schwierigkeiten aufmerksam, als er am 16. August 1571 an König Friedrich II. von Dänemark u. a. schrieb: „... Nu soll es leichlich ze thuende sin, den es nicht gar weitt vonander. Er mues aber vor Rendeßburgk durch f(ürstliche) G(naden) Herzogenn Johansenn (= Hans d. Ä.) unnd sonst durch andere Edelleutte Gebiete, Sehe unnd Deiche das Waßer durchfüerenn. Darmit mueß auch gehandeltt (= verhandelt) werdenn ..."[3]

Im 30jährigen Krieg erhielt Wallenstein, 1628 zum „General der ganzen Kaiserlichen Schiffsarmada wie auch des Oceanischen und Baltischen Meeres General" ernannt, den Auftrag zum Aufbau einer deutschen Kriegsflotte gegen Dänemark und Schweden. Hierzu plante er einen Kanal quer durch Holstein, um den in den Häfen Mecklenburgs als auch in anderen Ostseehäfen versammelten Kriegsschiffen einen sicheren Weg in die Nordsee zu schaffen. Wallensteins Entlassung auf dem Kurfürstentag im September 1630 zu Regensburg ist gewiß der Grund, daß dieser Plan nicht weiterverfolgt wurde.

Doch bei den Landesherren in den Herzogtümern war das Interesse an der Ost-West-Verbindung nicht erloschen. Herzog Friedrich III. von Holstein-Gottorf nahm den Plan Herzog Adolfs wieder auf – er wollte sogar den Handel von Persien und Indien – insbesondere mit Stoffen – durch einen solchen Kanal lenken. Den Aufbau eines derart großen, umfassenden Handelsnetzes begann er mit der Entsendung einer Gesandtschaft in den Jahren 1635 bis 1639 über Moskau nach Persien sowie mit dem Bau mehrerer großer Lagerhäuser am Marktplatz in Kiel, den sog. Persianischen Häusern, die am 12. Mai 1944 durch Brandbomben vernichtet wurden. Doch auch dieses großartige Projekt wurde nicht weiter ausgeführt.

Etwa zu derselben Zeit wie Herzog Friedrich III. plante König Christian IV. von Dänemark rivalisierend einen Seekanal nach den Vorstellungen des Holländers Pitael aus Medemblick; er sollte in seinem Territorium von Apenrade in die Nordsee bei Ballum führen unter Ausnutzung des Römer und des Lister Tiefs. Wie andere Pläne vor und nach ihm kam auch dieser Plan nicht zur Ausführung.

In der Geschichte dieser Ost-West-Verbindungen kann der Name Oliver Cromwells, des „Protektors von England", nicht ungenannt

Abb. 2 Karte von I. A. Thiessen (Ausschnitt) aus dem Jahre 1783, kopiert von C. H. B. Klessel. – Auf der rechten Seite ist das Gut Rosenkrantz (Schinkel) dargestellt; der Kanalverlauf von hier bis zum oberen Bildrand ist heute noch vorhanden. Landesarchiv Schleswig-Holstein, Schleswig.

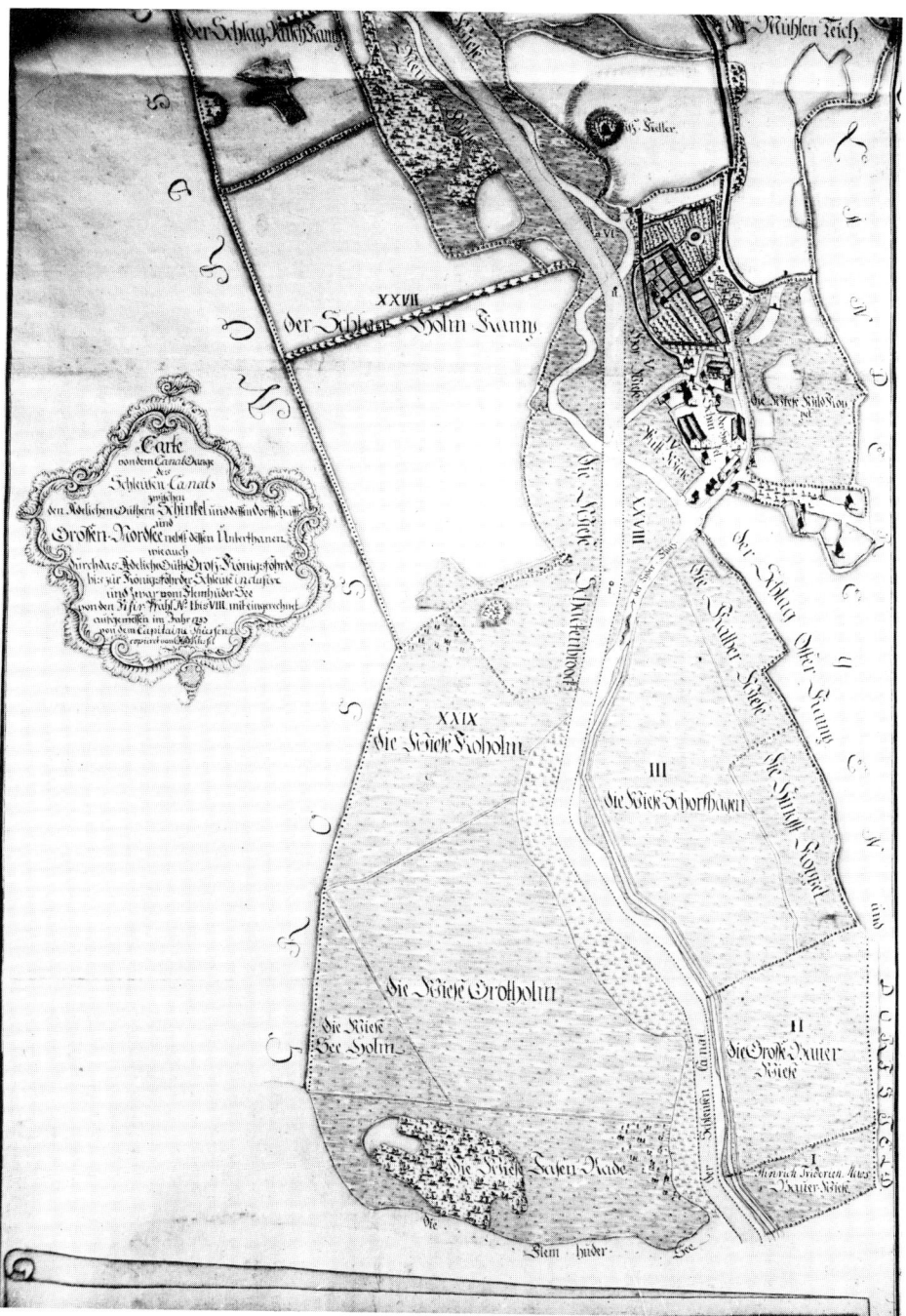

der Schlag Kalch Fang

Die Mühlen Teich

der Schlag Holm Fang

XXVII

Carte
von dem Canal Ouage
des
Schleuen Canals
zwischen
den Adelichen Gütern Schürtel und dessen Vorschaft
und
Grossen-Nordsee nebst dessen Unterthanen
wie auch
Kirchbau Adeliche Güthr Groß König Föhrde
bis zur Königs Föhrde Schleuße inclusive
und zwar vom Stemhuder See
von den Zielen Tabl N.° I bis VIII mit eingerechnet
aufgenommen im Jahr 1799
von dem Capitain v. Fürsten
copiert von Schüssel

XXIX
die Koppel Koholm

die Koppel Grotholm

die Koppel See Holm

III
die Koppel Schorshagen

LXVIII

die Koppel Lesen Kade

II
die Große Baner Koppel

I
Hinrich Fridericn Marx Baner Koppel

Stem huder See

bleiben. Mit König Carl X. Gustav von Schweden stand er in Verhandlungen, um dem englischen Handel einen sicheren, zollfreien Weg
durch einen Kanal in die Ostsee zu eröffnen und zu diesem Zweck
Wismar an England käuflich abzutreten. Ein solcher Kanal sollte von
dort in den Schweriner See und dann unter Ausnutzung des Eldelaufes
in die Elbe führen. Infolge von Cromwells Tod im Jahre 1658 wurde das
Projekt aufgegeben.

Das bald darauf von Lübeck und den Niederlanden gemeinsam
gefaßte Vorhaben, den Stecknitzkanal zu verbreitern und zu vertiefen,
so daß seegehende Schiffe ihn hätten benutzen können, scheiterte an
dem massiven Einspruch Dänemarks, das seinen Sundzoll – wohl zu
Recht – gefährdet sah.

Wenig bekannt ist der nächste Versuch, Nord- und Ostsee miteinan-
der zu verbinden. Um 1690 plante König Christian V. von Dänemark
einen Ausbau der wichtigen Festung Rendsburg. Da der Materialtrans-
port auf dem Landwege zu teuer und zu langwierig war, schlug der
Kommandant von Rendsburg, Generalleutnant Andreas v. Fuchs, vor,
die Obereider zu vertiefen und das Baumaterial mit Prähmen (= flache
Wasserfahrzeuge) herbeizuschaffen. Sein Vorschlag wurde trotz des
Einspruchs der Besitzer der an der Eider gelegenen adeligen Güter, die
nämlich ihre Aalreusen räumen mußten, angenommen, und 1693 wurden die Mittel für die Vertiefung der Eider auf der Strecke von Rendsburg bis zum Flemhuder See genehmigt. Zugleich war eine größere
Summe beantragt worden, um einen Kanal auf der Strecke bei Sehestedt
zur Umgehung der zahlreichen Eiderkrümmungen zu graben, doch fand
dieser Plan keine Zustimmung, da er zu teuer war. 1695 konnte Fuchs
berichten, daß die Eider von Rendsburg bis zum Flemhuder See und
später bis zur Steinfurther Mühle, nur eine ¾ Meile von Kiel entfernt,
befahrbar sei.

Diese vertiefte Strecke der Eider wurde zu Beginn des 18. Jahrhunderts für die Prahmfahrt benutzt, verlor aber allmählich ihre Bedeutung,
wohl weil die Vertiefung nicht aufrechterhalten wurde.

Im Jahre 1761, nachdem das ganze Herzogtum Schleswig dänisch
geworden war, trat dann der dänische Schriftsteller und Kapitän Johann
Heinrich Gottlob v. Justi mit zwei neuen Plänen hervor – von Hoyer
über Tondern zur Flensburger Förde oder von Husum über Schleswig
zur Eckernförder Bucht. Wenn diese beiden Projekte ebenfalls nicht
verwirklicht wurden, so sind sie aber gewiß der Anstoß gewesen, sich in
Kopenhagen erneut intensiv mit Kanalplänen zu befassen – denn hiervon gingen die Anregungen aus, die zum *Schleswig-Holsteinischen
Kanal* in Anlehnung an die Pläne Herzog Adolfs I. und Friedrichs III.
führten.

*Abb. 3 Karte von I. A. Thiessen aus dem Jahre 1785. – Dargestellt ist die
Schleuse bei Königsförde mit einer Tabelle der abzutretenden Grundstücks-
teile, aufgeteilt nach Nutzungsarten. Landesarchiv Schleswig-Holstein.
Schleswig.*

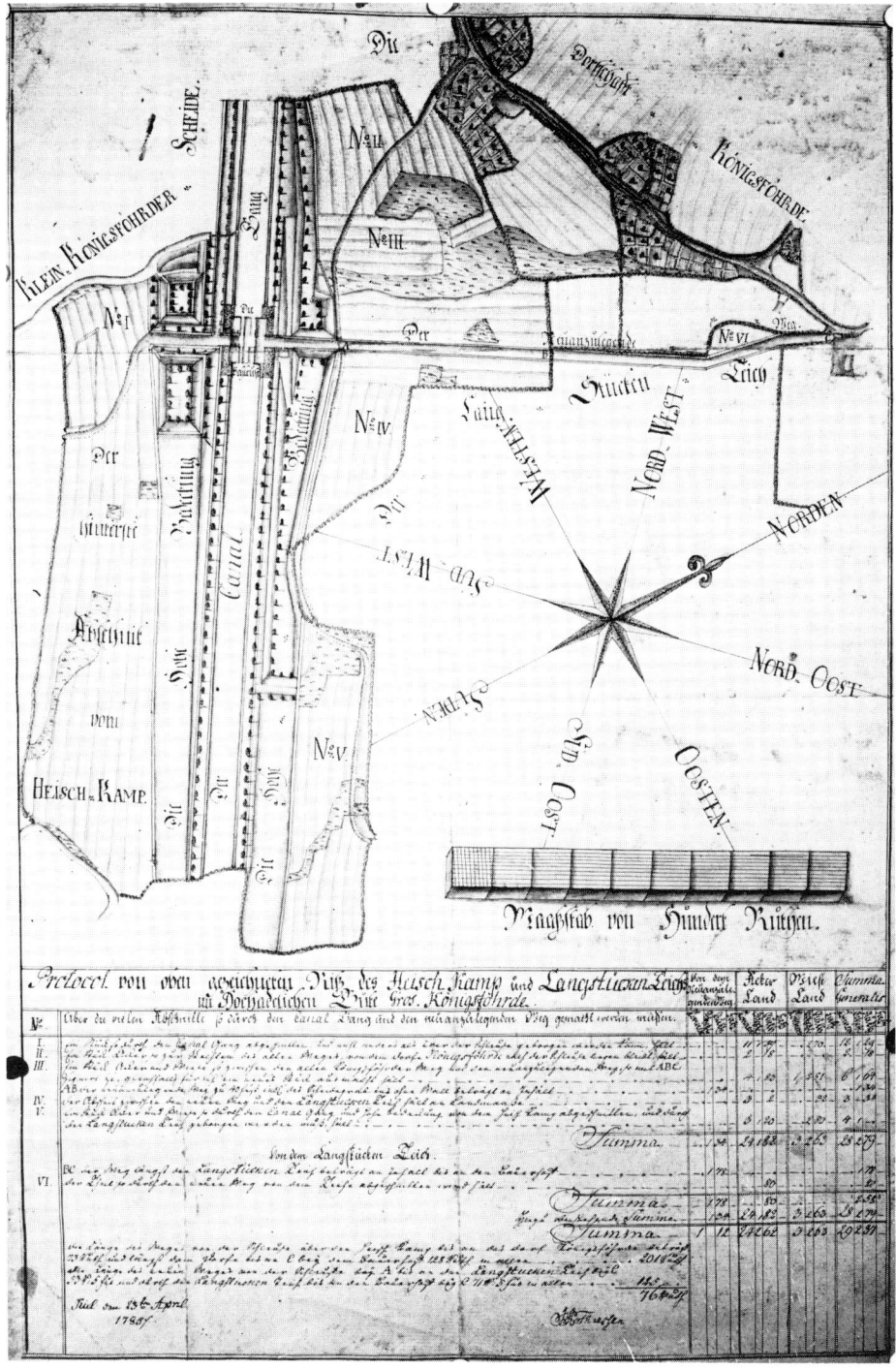

Am 6. Januar 1774 erhielt der Ingenieuroffizier Generalmajor Wilhelm
Theodor v. Wegener den königlichen Befehl, einen Kanal auf der von
Justi geplanten Linie Husum–Eckernförde auszuarbeiten, und konnte
bereits im nächsten Monat einen Vorschlag einsenden. Das Große und
Neue in Wegeners Entwurf war, daß er einen Kanal für seegehende
Schiffe mit Ladung vorschlug – selbst die größten der damals bestehenden Kanäle Europas waren nur für kleine Binnenfahrzeuge nutzbar. Der
Plan wurde den Mitgliedern des Regierungsconseils (= Staatsrates)
vorgelegt, die dazu ihre Meinung abgeben sollten. Im wesentlichen
wurde die vorgeschlagene Tiefe von 16 Fuß bemängelt – man wollte
sich mit einer geringeren Tiefe begnügen. Auch wurde die Frage nach
der Konkurrenz zum Sundzoll und nach dem Nutzen für den Gesamtstaat gestellt.

So wurde dann aufgrund der Kabinettsorder vom 14. April 1774 eine
Kanalkommission mit Sitz in Kopenhagen eingesetzt, zu deren Mitgliedern auch Heinrich Carl Graf von Schimmelmann (seit 1762 Leiter des
dänischen Finanzwesens) und Andreas Peter Graf von Bernstorff gehörten. Aufgabe der Kommission war die ,,allgemeine Direction aller zu
diesem Werke gehörigen Geschäfte" und hauptsächlich die Frage, wie
überhaupt ein solcher Kanalplan verwirklicht werden könnte, nachdem
der König in dem Schreiben bereits einen ,,landesväterlichen Ent-
schluß" kundgetan hatte, ,,die Ostsee mit der Westsee zu vereinigen".

Als Arbeitsausschuß wurde durch das Kanzlei-Reskript vom 11. Mai
1774 die *Kanal-Ausführungskommission* mit Sitz in Kiel geschaffen,
deren Vorsitzender Prinz Carl zu Hessen, Statthalter der Herzogtümer
Schleswig und Holstein, war. Ihr gehörten ferner die beim Bau des
Kanals maßgeblichen Ingenieure an, Generalmajor v. Wegener sowie
die Ingenieurkapitäne Chr. Fr. Hermann v. Peymann und August Hinrich Detmers. Zweck dieser Kommission war die Bestimmung der
Kanaltrasse und (später) die Überwachung des Kanalbaues.

Als Grundlage aller Arbeiten diente zunächst die von Schimmelmann empfohlene Linie Glückstadt–Stör–Bordesholmer See–Eider–
Schulensee–Kieler Hafen mit Verbindung zur Trave, die auf sein Drän-
gen bereits im Sommer 1774 untersucht wurde, wie auch der Vorschlag
des Inspektors Zimmermann auf Osterhof mit der Kanalführung
Stör–Brame–Osterau–Daldorfer Moor–Plöner See–Schwentinetal–Kieler Hafen mit einem Seitenkanal vom Daldorfer Moor nach (Bad)
Segeberg, (Bad) Oldesloe und Lübeck. Dieses Projekt wurde wegen
unüberwindbarer technischer Schwierigkeiten verworfen. Da dem
König die Untersuchungen zu langsam fortschritten, wurde im Herbst
1774 bestimmt, sie zunächst auf die Stör und die Schwale bis Neumünster zu beschränken, um gegebenenfalls bereits 1775 mit dem Kanalbau
zu beginnen. In ihrem Bericht wies die Ausführungskommission darauf

hin, daß mit großen Schwierigkeiten im Bereich von Kiel bis Neumünster zu rechnen sei, doch auch ein Kanal von der Stör bis Neumünster würde „allemal einen erheblichen neuen Zweig der Handlung und einen bequemen inneren Landesverkehr nach sich ziehen", zumal der Landweg bis Kiel dann nur noch vier Meilen betrüge. Schimmelmann jedoch drängte, den Kanal bis Kiel fortzuführen; ihm kam es auf einen durchgehenden Wasserweg für Seeschiffe an, die nicht mehr umzuladen brauchten. Ende des Jahres 1774 stand dann fest, daß die Schwierigkeiten für die Linie über Neumünster zu groß waren.

Als nächster Plan wurde im Sommer 1775 die Linie von der Stör über die Untereider nach Rendsburg, von dort zum Flemhuder See und im Lauf der Levensau zur Kieler Förde untersucht; die Baukosten für diese Strecke wurden 1776 mit 2,5 Millionen Reichstalern veranschlagt – eine Summe, die Kopenhagen zu hoch erschien. Man beschloß daher, sich auf die Linie Holtenau–Rendsburg zu beschränken und den natürlichen Eiderlauf zu nutzen in der Hoffnung, später noch den Abschnitt Rendsburg–Stör bauen zu können. Bernstorff trat von Anbeginn für einen 16 Fuß tiefen Kanal ein; Carl von Hessen und Wegener folgten ihm. Man begnügte sich jedoch mit 10 Fuß Tiefe in der Absicht, Schiffen bis 40–50 Commerzlasten (1 Commerzlast = 2,42 tons) die Kanalpassage zu ermöglichen; sechs Schleusen zu je 100 holst. Fuß Länge (1 holst. Fuß = 29,6 cm) waren notwendig. Diese Pläne wurden am 5. März 1777 durch königliche Resolution bestätigt, so daß nun mit den eigentlichen Bauarbeiten begonnen werden konnte. siehe Vorsatzblätter

Am 7. April 1777 ergingen zwei königliche Erlasse, deren einer an den Amtmann der Ämter Kiel und Kronshagen sowie an die Besitzer der Güter Seekamp, Knoop, Schwartenbek, Warleberg, Groß-Königsförde, Schestedt, Groß-Nordsee, Schinkel (heute: Rosenkrantz), Osterrade und Kluvensiek gerichtet war, „daß sie das zum Canal erforderliche Land gegen billige (angemessene) Bezahlung unweigerlich abzutreten haben und daß insbesondere der Besitzer des adeligen Guts Knoop verpflichtet sein soll, eine zu seinem Gute gehörige Wassermühle nebst einem damit verbundenen Wirthshause niederzulegen"[4].

Der zweite Erlaß setzte eine *Kanal-Taxationskommission* ein, der die Behandlung sämtlicher von Anliegern und sonstigen Interessenten erhobenen Entschädigungsansprüche übertragen war – eine nicht leichte Aufgabe, denn einerseits sollte im Interesse der königlichen Kasse gespart werden, andererseits waren die Forderungen sehr hoch und manchmal langwierige Verhandlungen notwendig. Auch weigerten sich die Gutsbesitzer, die Entschädigungssummen voll in Bankpapieren entgegenzunehmen. Nach längeren Verhandlungen wurde daher vereinbart, die Hälfte in Bargeld, die andere Hälfte in Bankpapieren auszuzahlen. Doch nicht alle waren mit der Landabgabe einverstanden; so wurde beim Gut Schinkel der Kanal nur ca. 200 Schritt vom Hof entfernt gebaut. Die Wiesen, die früher sumpfig waren, wurden zwar wertvoller, doch fiel der Eiderfischfang als wichtiger Einnahmeposten des Gutes ganz fort.

Die Kommission trat zur ersten Sitzung bereits am 22. April 1777 in Kiel zusammen und wurde nach Erledigung ihrer Aufgaben am 17.

März 1792 aufgelöst. Sie hatte bis Ende 1786 für Landabtretungen, Betriebsstörungen und wirtschaftliche Einbußen (z. B. Stillstand von Wassermühlen, Versumpfung von Wiesen, Heueinbußen, Verlegung von Holzplätzen, Beseitigung von Wehren zum Fischfang, Nichtbenutzung von Ländereien) an Abfindungen und Vergütungen 171 346 Reichstaler 26 ½ Schilling gezahlt.

Ungefähr zur Zeit jener beiden Erlasse wurden weitere Vorarbeiten für den Kanalbau unter Oberleitung von Wegener begonnen. Hierbei setzte Wegener einen von ihm erfundenen Nivellierapparat ein, mit dessen Hilfe eine Strecke von 35 km bis auf einen Zoll genau nivelliert werden konnte. Peymann unternahm zudem in den Jahren 1774–1776 mehrere Reisen nach Holland, um sich dort über Kanäle für seegehende Schiffe und ihre Schleusenbauten zu informieren. Über seine Erfahrungen in Holland berichtete er der Kanal-Ausführungskommission ausführlich nach Kopenhagen.

Die Entscheidung, die Untereider zu nutzen, muß allerdings schon früher gefallen sein, denn bereits am 6. Mai 1776 erging ein königlicher Erlaß, daß die Untiefen in der Eider unterhalb Rendsburgs, insbesondere bei Nübbel, zu beseitigen wären und mit diesen Arbeiten sogleich begonnen werden sollte. Einige Krümmungen zwischen Rendsburg und Breiholz wurden begradigt, auch eine weitere bei Breiholz mit einem 1000 m langen Durchstich. Hierdurch wurde eine ca. 12 Seemeilen lange Strecke auf geradem Südwestkurs gewonnen, auf der die Segelschiffe bei dem vorherrschenden Westwind noch anliegen konnten. Die starken Windungen der Eider vor Friedrichstadt wurden in Kauf genommen, da sich die Schiffe hier bei ungünstigen Windverhältnissen mit dem ablaufenden Wasser treiben lassen konnten. Der Hafen von Tönning wurde erweitert, um auch größeren Schiffen bei ungünstigen Eisverhältnissen auf Eider und Kanal ein sicheres Winterlager zu bieten. Das Fahrwasser unterhalb Tönnings durch das Watt kennzeichnete man mit Tonnen; später wurden an der Landspitze südlich von St. Peter zwei Baken aufgestellt, um die An- und Aussteuerung zu erleichtern.

Mit der Vertiefung der Untereider zwischen Rendsburg und Klint wurde 1777 begonnen, wobei zuerst eine große und drei kleine Muddermaschinen mit bis zu 87 Mann, in den Jahren 1778/79 dann fünf Maschinen mit 102 Mann, später bis zu zehn Maschinen eingesetzt wurden. Die Muddermaschinen, teils in Schweden, teils in Rendsburg gebaut, waren Löffelbagger mit je zwei Löffeln, die den Boden abhobelten und, durch Hebelwirkung über die Wasserlinie gehoben, geleert wurden. Der erste Durchstich der Eider wurde im Herbst 1780 bei Westerrönfeld (Knapper Ort) angefangen, 1782 der zweite Durchstich bei Westerrönfeld gemacht. In jenem Jahre wurde auch mit den Durchstichen bei Schülp und 1783 bei Hamdorf und Breiholz begonnen, doch waren sie im Herbst 1784 noch nicht auf die Tiefe von 13 Fuß gebracht, da Sturm und Dammbrüche die Arbeiten häufig verzögerten.

Als man im Frühjahr 1777 mit den Arbeiten zum Kanalbau begann, wurden der Kanal-Ausführungskommission, die ihre Sitzungen meist in Schleswig abhielt und ab 17. Januar 1787 als Kanal-Aufsichtskommission fungierte, etwa 300 Offiziere, Unteroffiziere und Soldaten der

Abb. 4 Öster-Og Nohr-Söens Forreening (Inschrift). Allegorische Gruppe aus Gips auf den Kanal mit der Darstellung der Vereinigung von Ost- und Nordsee, von Carl Frederik Stanley, 1790. Handels- und Seefahrtsmuseum Schloß Kronborg.

in den Herzogtümern liegenden Infanterie-Regimenter zur Verfügung gestellt. Sie wurden als sog. Kronarbeiter beim Abstecken der Kanallinie, bei Bodenuntersuchungen, beim Planieren des Terrains, bei der Bewachung von Gerät und Material sowie zur Aufrechterhaltung der öffentlichen Sicherheit und Ordnung eingesetzt.

Die Arbeiten begannen am östlichen Ende des Kanals, wobei die Erdarbeiten an Unternehmer nach „Potten" vergeben wurden – ein „Pott" war ein Raummaß von etwa 25 Kubikmeter.

Herstellung und Reparatur sämtlicher beim Kanalbau benötigten Geräte wie Muddermaschinen, Karren, Spaten, Schaufeln, Leitern und Gefäße aller Art wurden dem aus Wilster stammenden und bereits von dort mit den Gebrüdern Holler befreundeten Zimmermeister C(z)ernikau übertragen, der mit dem Rendsburger Zimmermeister Grenz zusammenarbeitete.

Am 14. Juni 1777 wurden auf dem Kieler Rathaus die Arbeiten zur Grabung der Kanalstrecke von der Kieler Förde bis Knoop öffentlich vergeben, und zwar an den Glückstädter Schleusenbauer Heinrich Soltau, der sich mit dem Unternehmer Minx aus Glückstadt und dem Kaufmann Feldtmann aus Rendsburg zusammentat. Die Werber Soltaus holten die Arbeiter aus der Kremper- und Wilstermarsch, aus dem

21

Königreich Hannover und aus Lübeck, und wachten streng darüber, daß
die Arbeiter ihre Plätze nicht verließen.

Die Arbeiten kamen jedoch nicht so schnell wie geplant voran; erst
im Oktober 1778 waren die Grabungen von der Förde bis Knoop fertig.
Für die folgende Strecke bis Neuwittenbek ging der Auftrag an den aus
Glückstadt stammenden Unternehmer Johann Gottfried Kettner als
Vertreter eines aus sechs Teilhabern bestehenden Konsortiums aus der
Kremper- und Wilstermarsch, das die Arbeiten im Frühjahr 1778 aufnahm. Dieses Konsortium geriet über den Kanalbau in finanzielle
Schwierigkeiten, so daß sich Kettner an den Grafen Schimmelmann
zwecks Hilfe wandte, die dieser jedoch angesichts der unsicheren wirtschaftlichen Situation Kettners, mit dem es dann noch einen langen
und teuren Prozeß gab, ablehnte. Die Arbeiten wurden schließlich von
anderen Unternehmen zu Ende geführt und im Herbst 1779 abgeschlossen.

Für die Strecke von Neuwittenbek bis zum Flemhuder See erhielt der
Unternehmer Minx den Auftrag, der im April 1780 begann und damit
Ende 1781 fast fertig war. Viele Arbeiter wurden später im Rendsburger
und Kieler Raum seßhaft, fanden dort Arbeit oder wurden am fertigen
Kanal beschäftigt.

Die Arbeiten gingen insgesamt wider Erwarten langsam voran. Moo-
riger und steiniger Untergrund sowie hohes Grundwasser machten viel
zu schaffen, außerdem warben sich die Unternehmer gegenseitig die
Arbeiter ab, um ihre Verpflichtungen möglichst termingerecht zu er-
füllen.

So übernahm 1782 die Regierung schließlich den Bau in eigene Regie.
Nunmehr verteilte die Kanal-Aufsichtskommission die Arbeiten selbst
und bezahlte die Arbeiter unmittelbar auf königliche Rechnung. Doch
auch ohne Privatunternehmer gingen die Arbeiten weder schneller
noch billiger voran. Die Hoffnung, die Erdarbeiten nun innerhalb eines
Jahres zu vollenden, zerschlug sich bald. Immer wieder mußte der
Termin der Fertigstellung hinausgeschoben, mehrere Male mußten
Geldmittel nachbewilligt werden.

In den regenreichen Sommern des Jahres 1783 und 1784 konnte das
Wasser nicht abgeleitet werden, der immer erneut verschlammte
Untergrund bereitete viel Mühe. Die Arbeiten in der kühl-feuchten
Luft, der Aufenthalt in den nassen Unterkünften ließ das Faul-(Sumpf-)
fieber, das man mit Baldrian, Kampfer, Chinarinde und Schlangenwur-
zeln bekämpfte, um sich greifen. Von den im Juli 1783 beschäftigten
2644 Arbeitern fielen bis Mitte September 1283 Mann – nahezu die
Hälfte – aus. Die Ärzte hatten alle Hände voll zu tun; es waren mehrere
Lazarette eingerichtet worden. Zur Behandlung der abkommandierten
Soldaten wurden von den Regimentern Feldschere und ihre Gesellen
abgestellt. Die Arbeiter wohnten in Stroh- oder Erdhütten und Zelten
am Kanal, wo es auch Marketender in großer Zahl gab. Wiederholt
wurden diese darauf hingewiesen, daß „das Nachtschwärmen und der
Verkehr liederlicher Dirnen" in den Hütten nicht geduldet wäre; häufig
wurden Marketender wegen grober Verstöße fortgejagt. „Als der Kanal
gegraben wurde, herrschte in der Bovenauer Gemeinde ein reges Leben,

Abb. 5 Bestickter Wandschirm mit der Darstellung der Huldigung des Herzog-
tums Holstein vor König Christian VII. von Dänemark anläßlich des Kanalbaues, von Christian Ulrich Voltmar (Foltmar). Nationalhistorisches Museum
Schloß Frederiksborg. – Im Hintergrund sind eine Schleuse mit Brücke, ein
Obelisk, der Kanal und ein Segelschiff auf der Ostsee zu sehen.

indem sich auf einem kleinen Fleck derselben zu Zeiten mehrere Tausend Menschen aufhielten. An einigen Stellen, namentlich wo jetzt der Hof Georgenthal steht und zu Kluvensiek waren viele Häuser, theils von Brettern, theils von leichtem Fachwerk erbaut, die einem Flecken glichen. Schlachter, Bäcker, Krüger, Marketender und andere Nahrungstreibende hatten sich von den vielen Arbeitern am Kanal zu nähren ... Auf dem Hof Osterrade war von dem Besitzer eine große Branntweinbrennerei und zu Kluvensiek gleichfalls von dem Besitzer eine Bäckerei eingerichtet ... In den Dörfern hatten die Arbeiter sich bei 20, 30 ja 60 Personen in den Häusern einquartiert ... Wie natürlich ging es auch nicht immer nach Sitte und Ordnung, Zügellosigkeit im Reden und Thun war unter einem solchen Haufen roher Menschen oft an der Tagesordnung."[5]

Die Grabungsarbeiten vom Flemhuder See bis zur Obereider dauerten bis 1784. Sodann wurde der gesamte Kanal, wo es erforderlich war, noch mit Muddermaschinen vertieft. Im September 1784 hatte der Kanal dann durchgehend von der Ostsee bis Rendsburg eine Tiefe von 11 Fuß.

Die treibende Kraft bei dem gesamten Unternehmen scheint Schimmelmann gewesen zu sein, der großen Einfluß auf den Kanalbau nahm. Sogar die Kanalkommission in Kopenhagen folgte willig seinen Anordnungen. Auf seinen häufigen Reisen wünschte er stets über den Fortgang der Arbeiten auf dem laufenden gehalten zu werden, er wandte sich von Hamburg aus mehrfach direkt an die Kanal-Aufsichtskommission, erteilte Anweisungen über Materialkauf, Holzbeschaffung und -transport für den Schleusenbau, stand mit Unternehmern in Verbindung. So oft es seine Geschäfte zuließen, besichtigte Schimmelmann die Arbeiten und nahm an den Sitzungen der Kanal-Aufsichtskommission teil.

Auf Schimmelmanns Fürsprache erhielten auch die von holländischen Siedlern abstammenden Zimmermeister Johann und Hartwig Holler aus Wilster den Auftrag zum Schleusenbau. Von Holtenau aus reichten sie am 17. Mai 1778 ihr Angebot ein: ,,Wann wir die Zimmer Arbeit bey dem Schleusen-Bau übernehmen sollen, so daß wir für die Güte derselben Arbeit einstehen können, so müssen wir keine andere als dazu geschickte Zimmer-Gesellen brauchen und diese können wir à Mann nicht unter 62 L'(üb)sche täglich bekommen, und für uns beyden als Meister müßten nur bitten, einen jeden täglich einen Reichsthaler zu accordieren! weil wir alles zu dieser Arbeit erforderliche besonders und zum Theil kostbares Geretschaft verfertigen laßen und unterhalten auch bey der Arbeit selbst beständig sehr genauer und fleißige Aufsicht haben müssen."[6]

Dieses Angebot sandte die Kanal-Aufsichtskommission zur Genehmigung zwei Tage später nach Kopenhagen an die Kanalkommission mit dem Bemerken, sie wäre darauf bedacht gewesen, ,,solche Zimmerleute ausfindig zu machen, die im Stande sind, mit gutem Erfolge die Zimmerarbeit bey an der in diesem Jahre zu erbauenden Schleuse bey Holtenau zu errichten. Sie findet hierzu zwey Gebrüder Holler aus der Wilstermarsch, welche sowohl in Holland an verschiedenen Schleusen gearbeitet, als auch in den hiesigen Marschländern Schleusen verfertigt

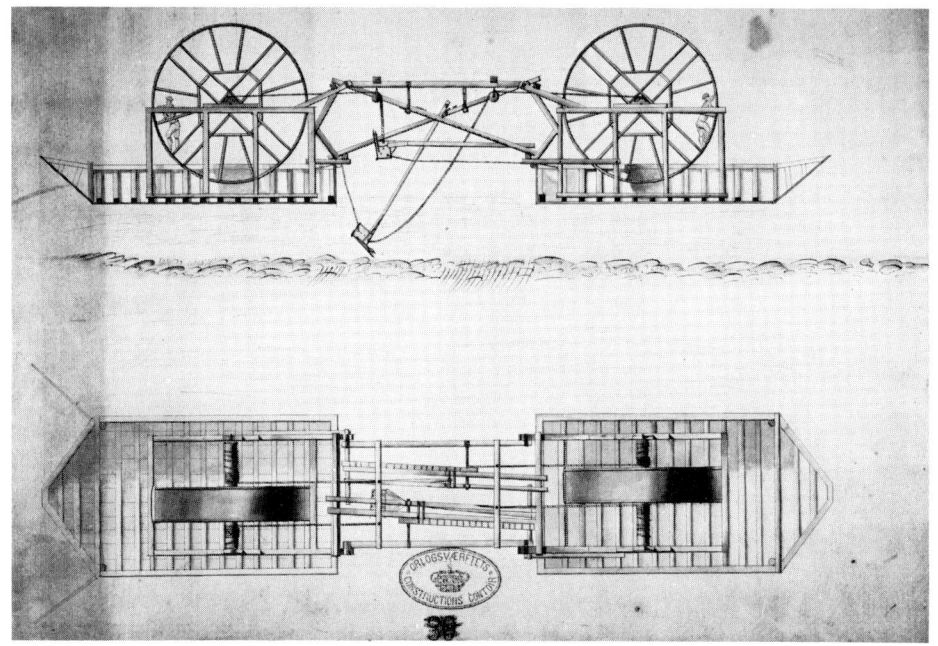

Abb. 6 Muddermaschine zum Ausbaggern des Kanals. Rigsarkivet, Kopenhagen.

haben, am tüchtigsten, wie denn auch der holländische Schleusenbaumeister Kroß mit ihnen sehr zufrieden zu seyn scheint."[7]

Das Angebot der Gebrüder Holler wurde jedoch von Kopenhagen abgelehnt, da der Tagelohn für einen Gesellen zu hoch und auch zwei Meister nicht erforderlich wären. Da mischte sich Schimmelmann in die Verhandlungen ein, der wahrscheinlich von Peymann über den ausgezeichneten Ruf der Gebrüder Holler unterrichtet worden war. Persönlich schrieb Schimmelmann an die Aufsichtskommission nach Kiel, daß es ihr selbst überlassen sein sollte, den Tagelohn für die Gesellen und die Anzahl der Meister festzulegen – und damit war das Angebot der Gebrüder Holler angenommen.

Ebenso wie bei den Grabungsarbeiten wurde auch mit dem Bau der Schleusen bei Holtenau begonnen. Für die Ramm-, Schleusen- und Brückenbauten waren große Holzmengen nötig. Zu ihrer Lagerung und Bearbeitung hatten die Gebrüder Holler auf einer Koppel zwischen Holtenau und Wik eine Werkstatt aufgeschlagen. Nach der „Specifikation über diejenigen Holzsorten, welche im Amte Cismar zur Mündung des Canals im Kieler Fiord, wie auch zu 2 Zugbrücken über denselben bei Sucksdorff und Landwehr zubereitet und nunmehr völlig dahin verschafft und angeliefert worden sind", haben allein an 16 Tagen in den Monaten Mai bis Oktober 1779 und 1780 acht Schiffer ca. 23 000 laufende Fuß für eichene Pfähle, für Anker 4432, für Hauptholz 3600,

7

für Planken 53 000, für Buchenplanken 20 000, für eichene runde Pfähle 1000 und an Zugplankenholz 2848 laufende Fuß = 6095 Stück unterschiedlicher Länge und Größe für insgesamt 17 001 Reichstaler geliefert. Das Holz kam zunächst aus den Wäldern bei Cismar und Knoop, später auch aus den Staatsforsten entlang der Kanalstrecke.

Zu Beginn der Arbeiten brachten noch 24 holländische Schiffe Baumaterial verschiedener Art; die zum Verblenden der Mauern erforderlichen Klinker bezog man aus Hellingoer (Holland). Der Kalk kam von Fünen und wurde in eigenen Brennereien am Kanal gebrannt. Für die Hintermauerungen wurden Mauersteine aus der Umgebung des Kanals und Flensburgs sowie aus Rade, Grünhorst bei Erfde und Eckernförde bezogen, zum Abdecken der Mauern Sandsteine aus Bornholm, die an Ort und Stelle von 4 Steinhauern bearbeitet wurden, und als Scharniersteine norwegischer Marmor (Granit) verwandt.

Während man mit den Unternehmern für die Erdarbeiten große Schwierigkeiten hatte, wurden die Schleusenarbeiten zur allgemeinen Zufriedenheit zügig abgewickelt. 1782 erhielten die Gebrüder Holler noch den Zuschlag für die Königsförder Schleuse, die in den folgenden Jahren bis 1784 erbaut wurde, und die Kluvensieker, später auch für die anderen Schleusen. Selbst bei den Ausschreibungen für die Schleusenwärterhäuser boten sie zunächst mit, traten dann aber zurück.

Abb. 7 Die erste Schleuse des Holsteinischen Canals. Zeichnung von J. Bundsen aus dem Jahre 1792. – Es handelt sich um die erste Holtenauer Schleuse. Schleswig-Holsteinisches Landesmuseum, Schleswig.

Schleswig-Holsteinischer Kanal, Schleuse in Knoob, bei Kiel. *Anna Sophie Bladt* 1820

Abb. 8 Schleuse bei Knoop. Seidenstickerei der Anna Sophie Bladt aus dem Jahre 1820. Schleswig-Holsteinisches Landesmuseum, Schleswig.

Im Mai und Juli 1778 war mit dem Einrammen der Gründungspfähle bei Holtenau und Knoop begonnen worden, wobei sich besonders die Arbeiten bei Knoop schwierig gestalteten, da hier die Schleuse in dem Loch der dort zuvor vorhandenen Wassermühle gebaut wurde. „Man stelle sich also den untern Theil des Canales, der tiefer als der obere liegt, mit dem er durch die Schleuse verbunden wird, sowohl als diesen oberen schon gegraben vor. Zwischen beyden ein noch undurchschnittenes Stück Landes, welches das Wasser des oberen Canales abhält, in dem unteren zu fließen. Dieses Stück Land ist nun der Platz, wo itzt die Schleuse liegt. Zu erst ward in diesem Land der Platz für die Schleuse so zugerichtet, daß in der Mitte zwischen den oberen und unteren Canale, das Bette für die Schiffs-Schleuse, oder so genannte Schleusen-Kasten, einige Fuß tiefer als der untere Canal gegraben ward, doch so, daß an jeder Seite derselben, nach dem Canal zu, ein starker Dam stehen blieb, der erst nach vollendetem Baue durchgestochen ward."[8]

27

Abb. 9 Knooper Schleuse, um 1880.

1779 war die Holtenauer, 1781 die Knooper Schleuse fertig. Auf der Seite zur Kieler Förde brachte man an der Holtenauer Schleuse eine Marmortafel an mit der Inschrift:

CHRISTIANI VII
IUSSU ET SUMPTIBUS
MARE BALTHICUM
OCEANO
COMMISSUM ANNO
MDCCLXXXII
(Auf Geheiß und Kosten Christians VII. wurde die
Ostsee mit dem Ozean verbunden im Jahre 1782)

Die Schleuse zu Rathmannsdorf sowie die Brücken bei Levensau und Landwehr wurden 1779 und 1781 ausgeführt. Den Grundstein zur Rendsburger Schleuse, 1782 vollendet, legte am 6. August 1781 der dortige Festungskommandant Graf von Ahlefeld(t) in einer feierlichen Zeremonie. Sie hatte zwei Inschriftentafeln, die eine glich der Holtenauer, die andere lautete:

REGNO
ET
PATRIAE MEAE
SACRUM
(Dem Reich und meinem Vaterland geweiht)

Im Jahre 1782 war auch der Bau der Brücken- und Schleusenwärter-Wohnungen vergeben worden, und zwar für Holtenau und Knoop für insgesamt 2195 Reichstaler an Jochen Harms aus Kellinghusen, für Rathmannsdorf und Levensau für zusammen 2200 Reichstaler an den Maurermeister Callisen aus Rendsburg, für Königsförde und Kluvensiek für 2195 Reichstaler an den Zimmermeister Czernikau aus Rendsburg; sämtliche Häuser wurden 1783 fertiggestellt. In Landwehr wurde das Haus des dortigen Baumwärters (Waldaufsehers) und in Rendsburg das Haus angekauft, das zu dem Holzlager von Storm & Sievers im Kronwerk gehörte, wo sich später die neue Schleuse befand.

Vor der Kanalmündung bei Holtenau wurden zur Kenntlichmachung der Einfahrt zwei Obelisken aus norwegischem Marmor (Granit) aufgestellt, und zwar nördlich und südlich des Kanals. Der südliche Obelisk wurde später von einem Ewer umgesegelt und zuerst durch eine hölzerne Säule, dann durch eine Boje ersetzt. Der nördliche Obelisk stürzte sehr früh um und wurde durch eine Kopie aus Granit ersetzt, die allerdings 1894 aus der beherrschenden Stellung axial vor dem Packhaus landeinwärts nach Osten dorthin versetzt wurde, wo sie heute noch steht. Die Inschrift 11

PATRIAE
ET
POPULO
(Für Vaterland und Volk)

Abb. 10 Kanal bei Holtenau. Lithographie nach einem Stich von F. A. Schmidt, Dresden, in: C. W. Rüter, Malerische Spaziergänge in der Gegend des Schleswig-Holsteinischen Kanals, Kiel 1822. – In der Mitte sind die beiden Obelisken zu erkennen, links das Packhaus mit den Zwillingsbauten zu beiden Seiten. Schleswig-Holsteinische Landesbibliothek, Kiel.

sollte gleichsam als Motto über dem Gesamtwerk des Kanals stehen, wobei mit dem „Vaterland" der dänische Gesamtstaat in damaliger merkantilistischer Auffassung gemeint war.

Im Jahre 1783 waren auch die Packhäuser zu Holtenau und Tönning an den beiden Endpunkten des Wasserweges sowie in Rendsburg erstellt.

Als der künftige Kanallauf von Holtenau bis zum Flemhuder See fertig war, sperrte man 1781 den bisherigen Flußlauf der Eider ab und ließ sie durch die fertige Kanalstrecke in die Ostsee laufen. Da der Flemhuder See, der einen starken Wasserzufluß vom Westensee hat, den Kanal mit Wasser versorgen sollte, konnte diese Maßnahme ohne Schwierigkeiten erfolgen.

Im Oktober 1783 fand die erste Fahrt auf dem Kanal von Holtenau aus statt, als ein mit holländischen Klinkern beladenes Schiff in Rendsburg anlangte. Der Versuch, es bei Gegenwind auf dem ausgebaggerten Eiderstrom fortzuschaffen, mußte allerdings bei Westerrönfeld aufgegeben werden, so daß es nach Rendsburg zurückkehrte. An dieser Probefahrt nahmen auch die Gebrüder Holler teil, um sich von der Technik und Funktionstüchtigkeit ihrer Bauten zu überzeugen.

Etwa 2 km von der Kieler Förde entfernt lag die Holtenauer Schleuse (Hubhöhe 2,3 m), bis zu der der Kanal im Niveau der Ostsee stand; von hier folgte der Kanal im wesentlichen der Levensau, einem kleinen Flüßchen, das durch den Kanalbau verschwand, auf 1,3 km bis zur Knooper Schleuse (Hubhöhe 2,6 m). Der Kanal machte nun einen weiten Bogen nach Norden zur 2 km entfernten Rathmannsdorfer Schleuse (Hubhöhe 2,4 m), von wo ab der Kanal auf der 15 km langen Scheitelstrecke eine Höhe von 7,3 m über dem mittleren Wasserstand der Ostsee hatte und ca. 6 m über der normalen Fluthöhe in der Untereider bei Rendsburg lag. Bei Rathmannsdorf machte der Kanal einen Knick nach Süden bis nach Schwartenbek, um von hier aus zum Norduferdes Flemhuder Sees geführt zu werden. Während man bis kurz vor Landwehr nur das Bett der Levensau erweitern mußte, hatte man nun auf einer Länge von ca. 1 km bis zum Flemhuder See eine größere Anhöhe, die Wasserscheide zwischen Nord- und Ostsee, zu durchstoßen.

Vom Nordufer des Flemhuder Sees bis südlich von Königsförde benutzte der Kanal das Bett der Eider, das begradigt und vertieft worden war. Da die Eider von hier aus einen Bogen nach Süden macht, wurde auf 1,4 km eine 10–12 m hohe Anhöhe durchstoßen, um die Eider ca. 1 km östlich von Klein-Königsförde wieder zu erreichen. Kurz vor Eintritt in das Bett der Eider lag die Königsförder Schleuse (Hubhöhe 2,3 m). Vor Königsförde wurden noch die Zuflüsse einiger Teiche nördlich des Kanals unter diesem mittels Röhren durchgeführt, um ein Austrocknen der Teiche zu verhindern – an dieser Stelle brach der südliche Damm im Winter 1786, und es wurde so viel Erde in den Kanal

10, 14, 17, 18, 30–32

7, 37, 38

8, 9, 26, 27

44–47

3, 36, 48

Abb. 11 Der Obelisk in Holtenau mit der Aufschrift PATRIAE ET POPULO (Für Vaterland und Volk).

geschwemmt, daß er für 2–3 Wochen gesperrt werden mußte. Kurz hinter Klein-Königsförde holt die Eider weit nach Norden aus, so daß, um diesen Umweg zu sparen, hier das dazwischenliegende Land auf 500 m durchgraben werden mußte.

49, 50   Bei Kluvensiek, wo die fünfte Schleuse (Hubhöhe 2,0–2,5 m je nach dem Niveau der Obereider) angelegt wurde, erreichte der Kanal wieder das Bett der Eider und folgte ihr, nachdem kleine Begradigungen bei Steinwehr und Fohrde durchgeführt waren, durch den Schirnauer See, die Borgstedter Enge und den Audorfer See, wo die Fahrrinne durch Baken gekennzeichnet war, in die breite Obereider bei Rendsburg. Die

14, 30   sechste Schleuse in Rendsburg diente lediglich dem Ausgleich zwischen den Wasserständen in Ober- und Untereider, die sich bis zu 2,6 m unterschieden.

Den höchsten Punkt des Schleswig-Holsteinischen Kanals bildete der Flemhuder See, der mit dem Westensee in Verbindung steht und den Kanal ständig ausreichend mit Wasser versorgte. „Denn man hat nie gehört, daß die Fahrt auf dem Schleswig-Holsteinischen Kanale wegen Mangel an Wasser unterbrochen worden, welches unstreitig ein großer Vorzug ist, den dieser Kanal über so manche andere, die an Größe weit unter ihm stehen, behauptet."[9] Bei größeren Niederschlägen mußte dagegen der Kanal, der ja weitgehend das Flußbett von Eider und Levensau benutzte, das überschüssige Wasser aufnehmen, das über die Freischleusen abgeleitet wurde.

Da der Winter 1783/84 sehr streng war und das Eis auf der Eider erst am 16. März 1784 zu tauen begann, verzögerte sich die Wiederaufnahme der Arbeiten bis April 1784. Die Eröffnung des Kanals, zunächst noch für Juli 1784 in Aussicht genommen, wurde daher auf September verschoben. Am 1. Oktober 1784 berichtete die Kanal-Aufsichtskommission nach Kopenhagen, daß der Kanal fertig sei und die Schiffahrt eröffnet werden könne, und zwar von der Ostsee bis Rendsburg mit Schiffen bis 9 Fuß Tiefgang, auf der Untereider mit nur 7 Fuß Tiefgang, da hier die Ausbaggerungsarbeiten noch nicht abgeschlossen wären. Die Kanalkommission ordnete daraufhin an, das der Kanal-Handelskompanie gehörende, 1783/84 in Eckernförde gebaute Kanalschiff „Rendsburg" sowie eines der zwischen Kiel und Kopenhagen verkehrenden Paketboote sollten versuchsweise von Kiel nach Rendsburg gebracht werden.

Die beiden Schiffe waren am 17. Oktober 1784 an der örtlichen Kanalmündung angelangt, wo die Kanal-Aufsichtskommission und die mit der Beaufsichtigung der Arbeiten beauftragten Offiziere – Wegener, Peymann und Detmers – an Bord gingen. „Jedes Schiff, ca. 3,1 m tief beladen, wurde von 4 Pferden gezogen; das Packetboot war 23 m lang und 6,8 m breit. Der Wind war gerade entgegen, aber nicht stark. Das Kanalschiff ‚Rendsburg', auf welchem sich die Kanal-Ausführungs-Kommission befand, ging voran, das Packetboot folgte. Den 18. Oct., Morgens 6 Uhr, nahm die Fahrt ihren Anfang. Des Gegenwindes wegen konnte das Schiff nur langsam vorwärts gebracht werden, namentlich wurde das Kanalschiff wegen seiner hohen Takelage nur sehr langsam fortbewegt, wegen seiner großen Länge und geringen Fahrt konnte es nicht mit der gehörigen Fertigkeit um die Biegungen des Kanals gesteuert werden. Der Schiffer (Kapitän Dühr) und die Mannschaft waren erst zusammengebracht und mit der Fahrt unbekannt, das Schiffstau, woran die Pferde zogen, riß öfters in Stücken, wodurch das Schiff seine Fahrt verlor und weil es dann nicht gesteuert werden konnte, sich an die Ufer des Kanals legte, so daß es nur mit Zeitverlust wieder in Fahrt gebracht werden konnte. Durch diesen Aufenthalt veranlaßt, mußte eine halbe Meile östlich von Kluvensiek übernachtet werden. Von allen diesen Zufällen war das Packetboot frei; 4 Pferde konnten es in besserer Fahrt erhalten. Der Schiffer Müller war ein geschickter Seemann, der schon einige Male den Kanal bis Knoop befahren hatte. Er steuerte sein Schiff mit Behendigkeit durch alle Krümmungen und hielt genau das Fahrwasser. Er würde auch mit Leichtigkeit an dem Tage nach Rendsburg gekommen sein, wenn er nicht dem großen Kanalschiff hätte folgen müssen. – Am 19. October Morgens 6½ Uhr wurde die Fahrt fortgesetzt. Auf der breiten Obereider war der Wind so, daß einige Segel mit zur Hülfe geführt werden konnten. In der Borgstedter Enge jedoch ragten von beiden Seiten einige Spitzen in das Fahrwasser, so daß das Kanalschiff bei dem Gegenwinde nicht steuern wollte und Aufenthalt hatte, während das Packetboot ungehindert passirte. Beide Schiffe langten 1½ Uhr Nachmittag bei der Rendsburger Schleuse an.

Bei dieser Probefahrt zeigte es sich, daß die Einrichtung des Kanals keine Hindernisse bot, nur die Unerfahrenheit der Mannschaft und der Pferdeknechte und die Größe des Kanalschiffes veranlaßten Aufenthalt. Die Schleusen wurden mit Gemächlichkeit passirt. – Da in Rendsburg nach der Ankunft des Kanalschiffes und des Packetbootes westlicher Sturm eintrat, die Untereider auch an einigen Stellen nur 7 Fuß tief war, so mußten beide Schiffe wieder durch den Kanal zurückkehren."[10]

Damit war der zu damaliger Zeit größte Kanal Europas mit einem Kostenaufwand von 2,5 Millionen Reichstaler = 9 044 754 (Reichs-) Mark – dem Zwölffachen der ursprünglich veranschlagten Bausumme – ohne Festlichkeiten oder Feiern eröffnet.

Sieben Jahre lang waren Hacke, Spaten, Schubkarre und Ramme als wichtigste Werkzeuge beim Bau des Schleswig-Holsteinischen Kanals in emsiger Tätigkeit gewesen. Insgesamt sind 82 Millionen Kubikmeter Erde bewegt worden.

Der Schleswig-Holsteinische Kanal hatte auf dem Wasserspiegel eine Breite von 28,7 m (96 Fuß), auf der Sohle von 18 m (54 Fuß) und eine Tiefe von 3,45 m (10 ½ Fuß). Seine Länge von der Holtenauer Mündung bis zur Rendsburger Schleuse betrug 43 km (5 2/3 Meilen), bis Fohrde – also die reine Grabungsstrecke – 34 km (4 ½ Meilen), der gesamte Schiffahrtsweg durch die Eider bis Tönning 180,5 km (27 2/3 Meilen). Die Uferböschung war durchgehend in der Neigung 2:1 angelegt.

Sämtliche sechs Schleusen waren bauartgleich mit Ausnahme der Rendsburger, wo die Nebenkammer nicht notwendig war, da „schon Möhlen und Freyschütten zur Ablassung des Wassers vorhanden 13 waren". Die Schleusen bestanden aus einer Hauptkammer zum Durchschleusen der Schiffe und einer Nebenkammer zur Regulierung des Wasserstandes. Die Innenlänge betrug 35 m, die Innenbreite der Hauptkammer 7,8 m und der Nebenkammer 5 m, die Tiefe der Hauptkammer 3,5 m. Das Fundament der Schleusen bildeten jeweils ca. 1600 Pfähle mit einem dreifachen Rost aus Längs- und Querbalken mit zwei Bretterböden, wobei der Grund mit Ton und Lehm ausgestampft worden war. Der Boden der Nebenkammer war niveaugleich mit dem der oberen Vorschleuse und höher als das Fundament der Hauptkammer. So wurde beim Mauerwerk Material eingespart. Die Schleusentore waren Flügeltore aus Eichenholz, oben mit einem Geländer zum Überqueren versehen, „die in metallenen Scharniers laufen, und durch eine Winde von jeder Seite geöfnet werden, sich aber durch den Druck des Wassers von selbst wieder schließen"[11].

Zwar wurde auf eine Instandhaltung der Kanalbauten insgesamt sehr sorgfältig geachtet, doch war das Mauerwerk sämtlicher Schleusen nach 40–50 Jahren stark reparaturbedürftig. Bei der Holtenauer Schleuse entschloß man sich, da sie sich zunehmend als undicht 38 erwies, zu einem Neubau, der in den Jahren 1823–1825 für 106 250 Reichstaler durchgeführt wurde. Er lag südlich der Alten Schleuse von 1782, mit der er nun die „Kanalinsel" bildete, und hatte eine neuartige Drehbrücke. Am Einweihungstage ging König Friedrich VI. von Dänemark, dem zu Ehren sie „Friedrichschleuse" genannt wurde, „zuerst mit seiner ganzen Suite zu Fuß durch die Schleuse" und ist darauf „nachdem er gefrühstückt, auf einem Schiffe mit Wimpel und Flagge, unter lautem Jubel des Volkes, durch dieselbe gefahren. Während des Frühstückes waren nämlich die Dämme, welche zum Schutze gegen das Wasser geblieben waren, durchgestochen, die neue Schleuse hatte sich mit Wasser gefüllt und war dadurch mit dem Schleswig-Holsteinischen Canal in Verbindung gesetzt worden."[12] Die alte Schleuse hat dann während der Bauzeit des Nord-Ostsee-Kanals in den Jahren 1893 und 1894, provisorisch wiederhergestellt und bedeutend erweitert, noch einmal dem Schiffsverkehr erst neben der Friedrichschleuse, dann nach deren Abbruch statt ihrer gedient.

44–47 Die Rathmannsdorfer Schleuse wurde in den Monaten Januar bis März 1841 als Winterbau (!) repariert, da ja im Winter der Schiffsverkehr ruhte. Eine Kanalsperrung, die in den Sommermonaten zur Einstellung des Schiffsverkehrs geführt hätte, war somit nicht notwendig. Später wurden auch die anderen Schleusen mit einem Kostenaufwand von 34 insgesamt ca. 90 000 Reichstalern repariert. Die Rendsburger Schleuse

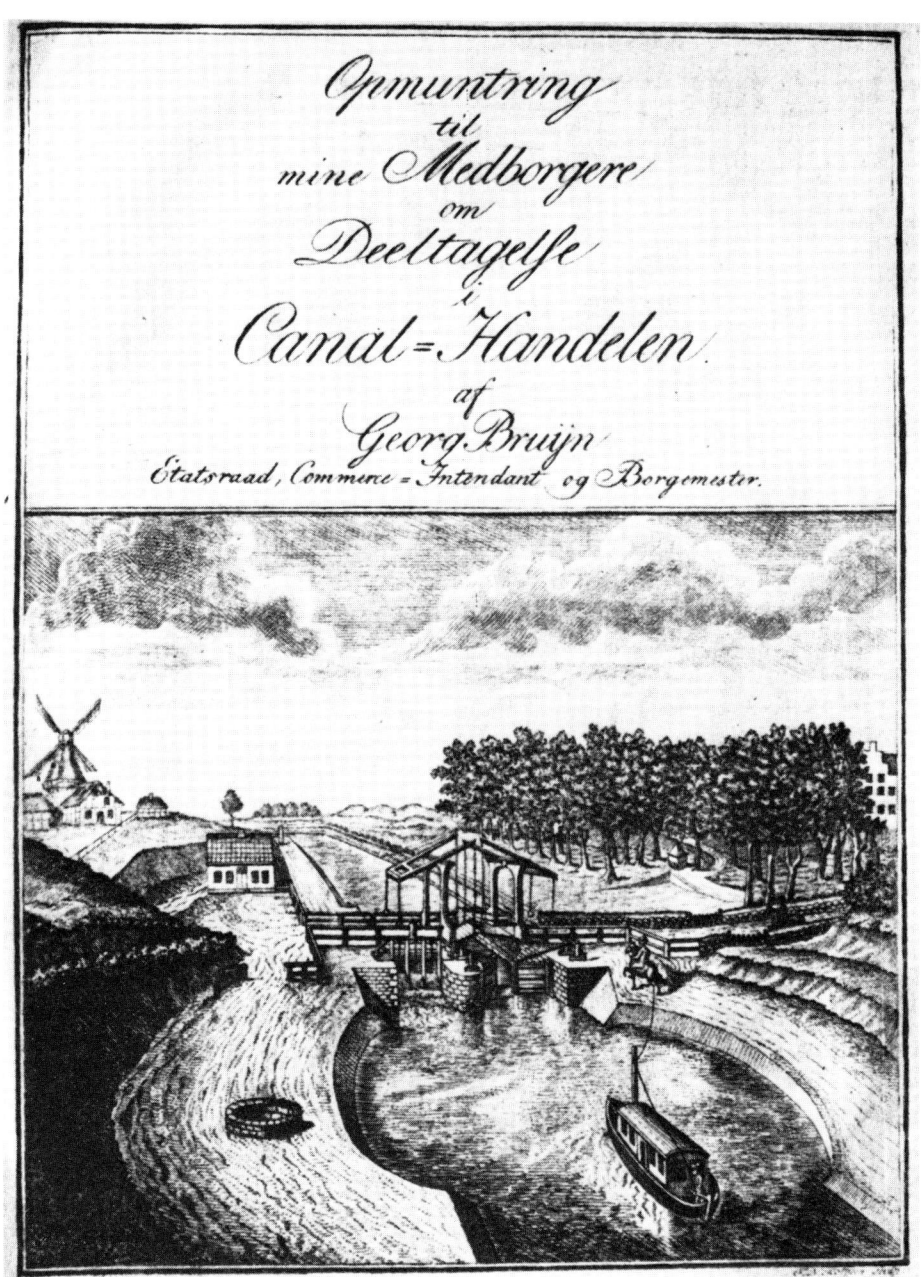

Opmuntring
til
mine Medborgere
om
Deeltagelse
i
Canal=Handelen.
af
Georg Bruijn
Etatsraad, Commerce=Intendant og Borgemester.

Abb. 12 Georg Bruyn: Aufforderung an meine Mitbürger zur Theilnehmung an dem Canal-Handel, Altona 1784, Titelbild der dänischen Ausgabe, mit Darstellung einer Schleuse mit Ausweichstelle, Kupferstich. Bruyn hoffte, mit seinen Schriften zu einer umfassenden Belebung des Kanalhandels beizutragen und zur Gründung neuer Betriebe anzuregen.

35

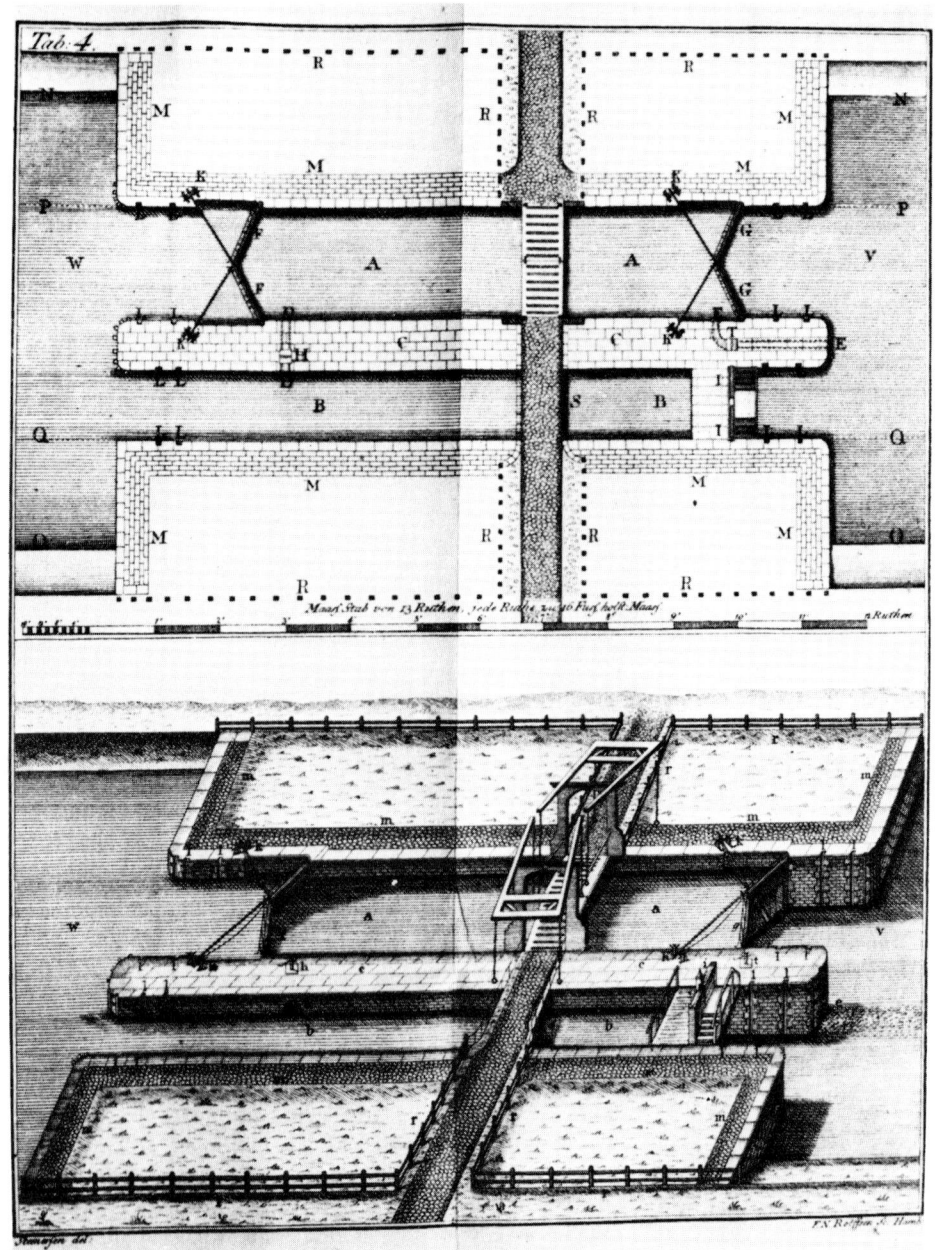

Abb. 13 Grundriß und Schrägansicht einer Schleuse, Kupferstich, aus Georg Bruyn: Aufforderung an meine Mitbürger zur Theilnehmung an dem Canal-Handel. A = Hauptkammer, B = Nebenkammer (sog. Freischleuse).

Abb. 14 Vue de la citadelle de Rendsburg, Holzschnitt von O. Fikentscher, 1864. – In der Mitte Schleuse mit Brücke, die von einem österreichischen Posten bewacht wird, rechts das Zollhaus, hinten links das Packhaus. Schleswig-Holsteinische Landesbibliothek, Kiel.

wurde 1893 zugeschüttet, als ihr gegenüber in Richtung des Eiderstrombettes eine neue, größere Schleusenkammer gebaut worden war, die dann im Jahre 1938 stillgelegt und abgebrochen wurde; deren Reste sind heute noch am Thormannplatz in Form eines Wasserbeckens erhalten.

Zur Aufrechterhaltung des Verkehrs auf den vom Kanal unterbrochenen Landwegen wurden von den Gebrüdern Holler Brücken gebaut. Die erste Brücke führte über die Holtenauer, die zweite über die Knooper Schleuse. Es waren holländische Klappbrücken wie über die Schleusen bei Königsförde, Kluvensiek und Rendsburg. Über die Freischleusen wurden die Straßen mit einer festen Brücke geführt, die zu beiden Seiten eiserne Geländer hatte. Bei Suchsdorf und Landwehr, wo der Kanal die Landstraße Kiel–Eckernförde unterbrach, wurden hölzerne Brücken mit Pfeilern aus behauenen Feldsteinen erbaut. Unterhalb Rendsburgs gab es keine Brücken mehr, wohl aber an mehreren Stellen Fähren.

Während der napoleonischen Kriege wurden im Jahre 1814 die Brükken zu Knoop, Holtenau und Landwehr aus militärischen Gründen zerstört, aber noch in demselben Jahr wiederhergestellt.

Nachdem schon beim Bau der Friedrichschleuse eine neue Brücke, eine Drehbrücke, erstellt worden war, wurden in den Jahren 1849/50 bei der Klappbrücke in Kluvensiek die Trägerportale durch gußeiserne ersetzt, die die Carlshütte in Rendsburg gefertigt hatte und die heute

7, 8, 9

3, 14, 30, 36, 48–50

15

Abb. 15 Brücke bei Kluvensiek mit gußeisernen Brückenportalen der Carlshütte von 1849, um 1935.

Abb. 16 Ehemalige Pferdehalterei in Holtenau um 1935. Das Gebäude brannte 1942 aus und wurde anschließend abgebrochen.

noch dort stehen. Sie sind im Stile der Zeit mit Ornamenten versehen und tragen die Initialen König Friedrichs VII. von Dänemark. Gleichartige gußeiserne Portale waren 1862 für die Brücke in Königsförde vorgesehen, doch verhinderten die deutsche Bundesexekution und der deutsch-dänische Krieg von 1864 zunächst deren Ausführung; sie wurden dann um 1870 aufgestellt. Die Entwicklung des Eisenbahnwesens erforderte auch Übergänge für die Bahn. So wurde 1855 in Rendsburg eine hölzerne Brücke für die Schleswigsche Bahn gebaut; der mittlere Teil dieser Brücke mit einer Länge von 58 m bestand aus einem drehbaren Teil, das auf je vier Tonnen schweren, gußeisernen Pfählen gegründet war. Die Eisenkonstruktion kam z. T. per Schiff aus England, z. T. von der Carlshütte. Eine ähnliche, etwas kürzere Brücke wurde 1881 für die Kiel-Flensburger Eisenbahn bei Neuwittenbek gebaut.

Die größten Bauwerke an der Kanalstrecke waren ebenfalls reine Zweckbauten: die drei heute noch vorhandenen Packhäuser in Holtenau, Rendsburg und Tönning, von denen die beiden an den Endpunkten des Kanals bauartgleich sind und je 30 000 Reichstaler kosteten. Es handelt sich um bereits durch ihre Baumasse beeindruckende, langgestreckte Speichergebäude zur Lagerung und Stapelung von Waren und

36

40

10, 14, 17, 18, 30–32

39

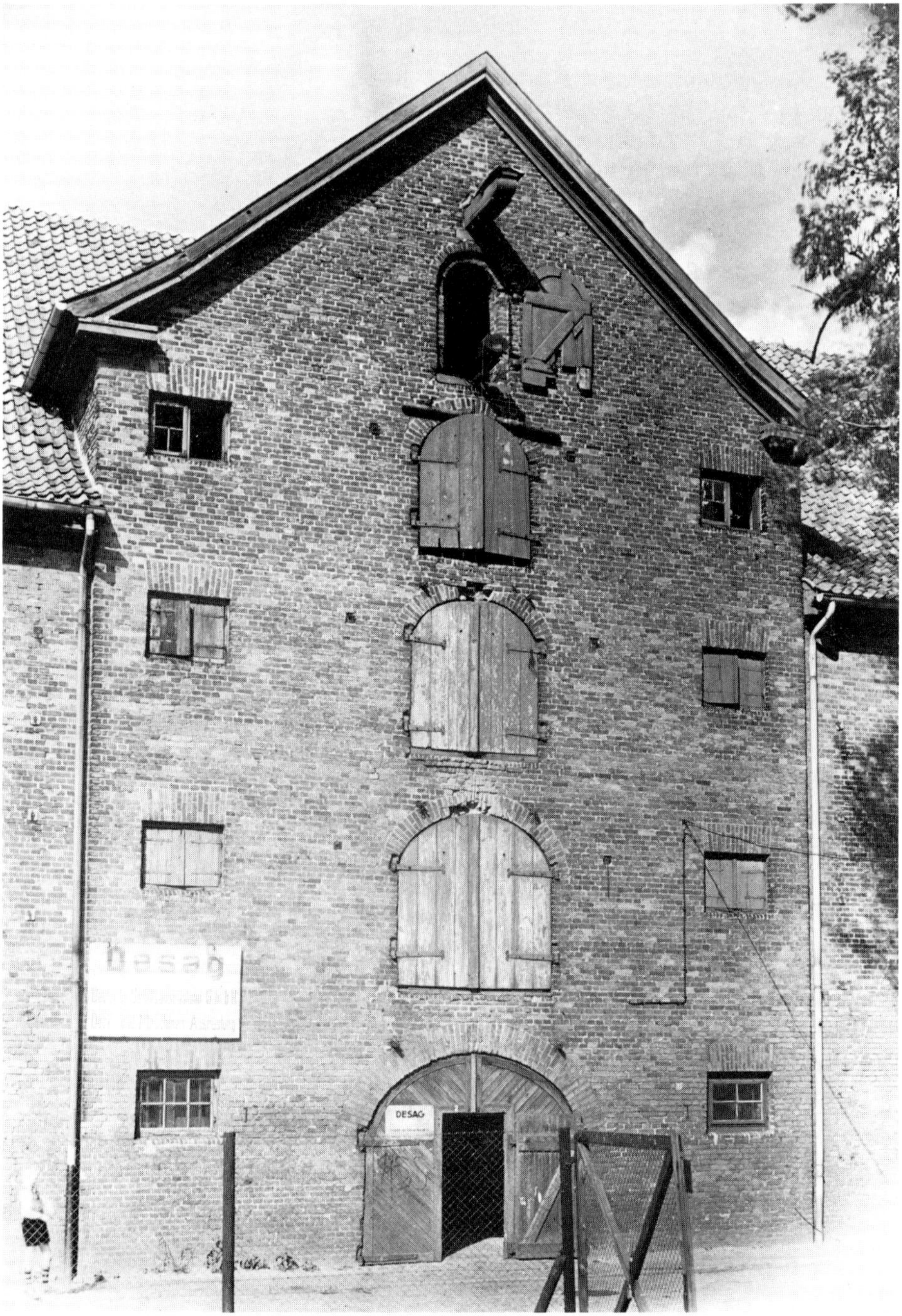

Abb. 17 Der Mittelbau des Packhauses in Holtenau, um 1950.

Abb. 18 Das Packhaus in Holtenau, um 1950.

Landesprodukten mit einer Grundfläche von 77 m × 13 m, die in drei Vollgeschossen und zwei Dachgeschossen ca. 4000 m² Lagerfläche haben. Bis zu 30 000 Zentner Getreide konnten hier gelagert werden. Das Innere dieser Monumentalbauten wird geprägt durch die gewaltige Ständerkonstruktion aus Eichen- und Nadelholz. Im Dachgeschoß waren mehrere hölzerne Aufzugmaschinen, die die Lasten inner- und außerhalb des Gebäudes über entsprechende Kranbalken auf die verschiedenen Geschoßebenen befördern konnten und sich von allen Geschossen durch Laufketten bedienen ließen.

Zu beiden Seiten der Packhäuser in Holtenau und Tönning gab es ursprünglich noch je zwei symmetrisch angeordnete Wohn- und Stall- 16 gebäude, von denen in Holtenau die beiden Wohnhäuser und ein Stallgebäude, allerdings in stark veränderter Form, in Tönning ein Wohnhaus noch vorhanden sind.

Das Packhaus in Rendsburg ist mit einer Grundfläche von 29,5 m × 30 12,6 m kleiner als die beiden anderen und – wie alle königlichen Bauten Rendsburgs – mit schwarzglasierten Tonpfannen eingedeckt, um seine Erscheinung im Stadtbild hervorzuheben.

Zur Verwaltung und Aufsicht über die drei Packhäuser wurde je ein Packhaus- und Materialverwalter angestellt, der auch die sog. Packhausmiete, die sich nach Menge und Wert der Ware sowie Lagerdauer richtete, für die eingelagerten Waren zu erheben hatte; diese Gelder wurden einmal monatlich an das Zollamt des Ortes abgeliefert. Sperrige und schwere Güter wurden am Packhaus auf dem Materialhof gelagert, wobei dieselbe Miete wie bei einer Lagerung unter Dach erhoben wurde. Explosive Stoffe wie z. B. Schießpulver durften weder im Packhaus noch auf dem Materialhof deponiert werden.

41

Verkehrsabwicklung

Der Kanal verlief beinahe ständig auf der Grenze zwischen den Herzogtümern, doch bildete er „nicht überall die Grenze zwischen Schleswig und Holstein, sondern an zwei Stellen hat die alte Eider ihr Recht behauptet. Nur dort, wo unbedeutende Theile durch den Canalbau abgeschnitten, sind sie gegen einander ausgeglichen. Zwischen Großnordsee und Kleinkönigsförde liegt ein bedeutendes Feld, auch eingeschlossen durch die Eider, welches nach Schleswig gehört, und hier ist es das ganze adlige Gut Osterrade, jenseits des Canals, welches nach Holstein gehört."[13]

Damit werden die kleinen Gebietsbereinigungen angesprochen, die durch das Kanzlei-Patent vom 6. Mai 1797 erfolgten und in dem zugleich bestimmt wurde, daß das kanalfiskalische Gebiet den gesamten Kanallauf, also das Kanalbett einschließlich der Böschungen, Dämme und Treidelpfade umfaßte.

Abb. 19 Heinrich August Grosch: Sammlungen der Canal-Gegenden. Aquatinta, um 1790. – Die Schleuse bei Kluvensiek wird für den Segler geöffnet, die Brücke hochgezogen. Nasjonalgalleriet, Oslo.

Abb. 20 Heinrich August Grosch: Sammlungen der Canal-Gegenden. Aquatinta um 1790. – Der von zwei Menschen getreidelte Segler wird zur Nacht in einer Ausweichstelle vertäut. Nasjonalgalleriet, Oslo.

Während die Zoll- und Abgabenverhältnisse bis 1804 zum Geschäftsbereich der Kanal-Kommission, von 1804 bis 1811 zu dem der neu errichteten Kanaldirektion und ab 1816 zu dem der Generalzollkammer gehörten, war die Verwaltung des Kanals ausschließlich Angelegenheit der Kanal-Aufsichtskommission als Mittelbehörde, die sich zur Erledigung aller Geschäfte eines Kanalsekretariats bediente. Oberbehörde für den Kanal unter der Generalzollkammer war bis 1841 das Büro für die schleswig-holsteinischen Kanal-, Hafen- und Feuerangelegenheiten, danach das Kanal-, Hafen-, Feuer-, Industrie- und Fabrikbüro. Nach 1852 führten das Ministerium für Schleswig und das für Holstein gemeinsam die Aufsicht; in der Praxis war es allerdings die 2. Abteilung des Ministeriums für Schleswig allein. Kanal-Aufsichtskommission und Sekretariat wurden am 15. März 1850 durch einen Kanalinspektor mit Sitz zuerst in Holtenau, später in Rendsburg ersetzt, dem nunmehr sämtliche Angelegenheiten der Verwaltung und des Betriebes des Kanals mit Ausnahme des Lotsen- und des Seezeichenwesens von der Hohner Fähre bis zur Nordsee übertragen wurden. Ihm unterstanden u. a. ein Assistent, der zugleich sein Vertreter war, die Feuerwärter in Bülk und Friedrichsort, die Material- und Packhausverwalter in Holtenau und Rendsburg, die Brücken- und Schleusenwärter am Kanal sowie die Hafenmeister in Rendsburg und Friedrichsort.

Diese Maßnahme der Statthalterschaft der Herzogtümer Schleswig und Holstein aus dem Jahre 1850 wurde, nachdem die schleswig-holsteinische Erhebung 1851 beendet war, am 28. Januar 1852 und 6. April 1853 dänischerseits im wesentlichen mit der Maßgabe bestätigt, daß erst nach Abgang des noch amtierenden Kanalsekretärs dessen Aufgaben einschließlich der Aufsicht über das Bugsierdampfschiff an den Kanalinspektor übergehen sollten, ebenso die Geschäfte des Hafenmeisters und des Material- und Packhausverwalters in Rendsburg erst nach deren Abgang. Die Institution des Kanalinspektors blieb im wesentlichen auch in preußischer Zeit unverändert.

Jedes Schiff, das in Holtenau einlief, mußte sich zunächst bei der dortigen Zollstelle – weitere Zollstellen gab es in Rendsburg und Tönning – melden, um klariert zu werden. Für die Weiterfahrt durch den Kanal hatte sich der Schiffer dann zu entscheiden, ob er mit eigener Kraft (bei günstigen Windverhältnissen) fahren, Pferde zum Treideln längs des Kanals mieten oder sein Schiff durch die Mannschaft ziehen lassen wollte.

20–22

Auf beiden Seiten des Kanals von Holtenau bis Fohrde sowie von dort nur auf der Nordseite bis Rendsburg gab es Treidelwege, die teilweise auf Dämmen, aus dem ausgehobenen Erdreich des Kanals aufgeworfen, verliefen. Während der ca. 5 m breite Weg auf der schleswigschen (Nord-)Seite, der teilweise sogar gepflastert war, dem Pferdevorspann diente, war der schmalere Steig auf dem holsteinischen (Süd-)Ufer für menschliche Zugkräfte bestimmt.

21, 22

20

Die Anzahl der Pferde für den Vorspann bestimmte der Schiffer zwar selbst, jedoch war bei Schiffen über 10 Commerzlasten ein Gespann erforderlich. Bei größeren Schiffen mußten die Gespanne bis zu vier Pferden stark sein, in der letzten Zeit des Kanals waren bei den großen Schiffen auch Gespanne von sechs Pferden keine Seltenheit mehr.

Der Vorspann mußte spätestens nach einer halben Stunde gestellt werden. Hierfür standen in Holtenau Pferdegespanne bereit, und zwar war der dortige Unternehmer verpflichtet, mindestens vier Pferde = zwei Gespanne ständig bereitzuhalten. Da diese Anzahl häufig nicht ausreichte, hatte er Vereinbarungen mit Bauern aus der Wik, aus Steenbek, Suchsdorf und Holtenau getroffen, auf Anforderung weitere Gespanne bereitzuhalten. Feste Pferdehaltereien gab es in Holtenau, Landwehr, Kluvensiek und Rendsburg, von denen die Kluvensieker, deren Stall heute noch stark verändert vorhanden ist, mit 24 Pferden = 12 Gespannen die größte war. Bei starkem Verkehr wurden auch von anderen Pferdehaltereien, die von Pächtern oder den Schleusenwärtern betrieben wurden, sowie unmittelbar von Bauern aus der Umgebung Vorspann angefordert. Es soll hin und wieder sogar vorgekommen sein, daß Bauern ihre Höfe vernachlässigten, da dieses Geschäft mehr einbrachte als die Landwirtschaft. Die Preise für den Vorspann wurden staatlicherseits festgesetzt.

49

Klagen über den Vorspann sind selten gewesen; jedoch beschwerte sich der Schiffer Thomas Schrum am 21. Juli 1856 von Landwehr aus

Abb. 21 Gut Steinwehr mit Kanal, nach der Natur gezeichnet von A. Horne-mann, Lithographie, Hamburg 1850.

bei dem Kanalinspektor Thomsen in Rendsburg: „Lieber Herr Mumsen. Ich bin ganz unzufrieden über Böh sein Ferden. Denn Ich habe Sontag morgen als den 20. Juli Ferde verlang und er wollte nich vorspannen. Er sagte der Wind wehte zu hart. Und so bin Ich und mein Knecht von Holtenau nach Levensau geschlep und mein Schif ist unter Deck beladen 15 Commerzlasten groß. Sie können sich erkundigen bei den Brückenwerter zu Levenau, das Ich den 20. Juli da dorch kommen bin."[14]

Um eine schnellere Durchfahrt insbesondere bei ungünstigen Windverhältnissen auch auf der Untereider zu erreichen, wurde um 1830 wiederholt der Vorschlag gemacht, einen Treidelpfad oder einen Ziehweg auch zwischen Rendsburg und der Hohner Fährstelle anzulegen, doch wurde ein solches Projekt nie ernsthaft verfolgt.

Die Pferdeleine zum Treideln mußte etwa 200 m lang sein, um ein gutes Ziehen zu ermöglichen, und war in Dreiviertelhöhe des Vormastes befestigt, also etwa im Mittelpunkt des Schiffes; das gewährleistete ein gutes und sicheres Manövrieren. Da bei den scharfen Kurven die eigene Steuerkraft nicht ausreichte, hatte man an der Pferdeleine eine Rolle befestigt, von der aus eine Leine zum Bugspriet des Schiffes lief. Kurz vor einer Linkskurve bei der West-Ost-Passage erfolgte vom Pferdelenker das Kommando: „Hol an den Rieder!" (Mit Rieder wurde die Rolle bezeichnet.) Der Schiffer zog dann die Rolle herunter zum Bugspriet, wodurch das Drehmoment zu den Pferden erhöht wurde. Die

22

45

Abb. 22 Steindruck nach einem Stich von F. A. Schmidt, Dresden, in: C. W. Rüter, Malerische Spaziergänge in der Gegend des Schleswig-Holsteinischen Kanals, Kiel 1822. Schleswig-Holsteinische Landesbibliothek, Kiel.

Leine wurde dann um einen der ca. 2 m hohen Rollpfähle geschleppt, die in den starken Kurven standen. Kam jetzt wieder Zug auf die Leine, konnte das Schiff mühelos mit dem Steven herumgezogen werden. War das Schiff dann auf neuem Kurs, wurde die Pferdeleine wieder hochgelassen.

Bei Rechtskurven in derselben Passage brauchten die Rollpfähle nicht benutzt zu werden, da bereits ein Niederholen der Pferdeleine an das Bugspriet genügte. Bei Ost-West-Passage war der Vorgang umgekehrt, da dann die Rollpfähle in Rechtskurven benutzt wurden.

Segelnde Schiffe mußten nach der Passageordnung den getreidelten Schiffen ausweichen. Begegneten sich dagegen zwei getreidelte Schiffe, so hatte das von Westen kommende den Vorrang. Das andere mußte dann soviel Lose in die Leine lassen, daß das ostwärts fahrende darüber hinweggleiten konnte. Während der Wartezeit mußte das in Richtung Westen fahrende Schiff auf dem gegenüberliegenden Ufer anlegen. Dieses Manöver ging stets langsam vor sich, damit sich die Schiffe nicht an den Schwertern beschädigten.

Die Schleppzeit von Holtenau bis Rendsburg betrug etwa 10 bis 12 Stunden, bei starkem oder widrigem Wind allerdings häufig die doppelte Zeit, mit einer Passage von 15 Minuten je Schleuse. Da die Kanalfahrt nur zwischen Sonnenauf- und -untergang stattfand, mußten die Schiffer häufig auf der Strecke übernachten. Ein sehr beliebter Ort hierfür war Kluvensiek, wo oft 40 und mehr Schiffe lagen, da der dortige Schleusenkrug als eine gute „Brotstelle" bekannt war.

46

Den Weg auf der Untereider mußten die Schiffe mit eigener Kraft zurücklegen, und zwar entweder segelnd oder bei ungünstigem Wind mit dem Ebbstrom treibend, wodurch oft Verzögerungen bis zu mehreren Tagen auftraten. Die durchschnittliche Fahrtdauer für die Strecke Holtenau–Tönning betrug für ein Segelschiff 3 bis 4 Tage. Dampfer brauchten in späterer Zeit für die Fahrt ca. 15 Stunden, davon sechs Stunden für die Strecke Holtenau–Fohrde.

Die Kanalfahrt war nur in den Sommermonaten möglich, in den Wintermonaten von Dezember bis Februar/März ruhte sie wegen Vereisung. Bei starkem Frost konnte der Kanal auch schon früher für die Schiffahrt gesperrt oder später freigegeben werden, so z. B. im Jahre 1829, als bis in den April hinein die Kanalfahrt wegen Eises eingestellt blieb.

Um die Sicherheit auf dem gesamten Schiffahrtsweg für alle Benutzer zu gewährleisten, waren von Anbeginn alle Schiffe, die über 12 Commerzlasten groß waren, lotsenpflichtig. Ausgenommen hiervon waren lediglich Schiffe, die gegen Erlegung des halben Lotsengeldes ohne Lotsen segeln durften, und die Anwohner der Untereider, sofern sie mit eigenen Schiffen fuhren. Nach der Verordnung vom 21. Januar 1844 brauchten dann nur noch Segelschiffe, die das sog. Kanalmaß (28,7 m Länge, 2,68 m Tiefgang und 7,45 m Breite) überschritten, und nach der Verordnung vom 3. Mai 1850 alle Dampfer Lotsen an Bord zu nehmen.

Zum Bugsieren der Schiffe wurde von 1844 bis 1854 der dem Staat gehörende Dampfer „Die Eider" von 40 PS Stärke gestellt, der sehr schwerfällig war, viele Kohlen verbrauchte und an Unterhaltung jährlich ca. 5000 Reichstaler kostete. Danach dienten bis 1882 staatlich subventionierte Dampfer in Rendsburg bzw. in Tönning diesen Zwecken. Dann übernahmen Privatunternehmer diese Aufgabe, insbesondere auf der Eider unterhalb Rendsburgs.

Das „Pilotieren" der Schiffe, wie man früher sagte, oblag für den Kanal und die Eider einer Lotsenverbrüderung bzw. angestellten Nebenlotsen; am 20. Juni 1794 – bereits zehn Jahre nach Eröffnung des Kanals – war die unter staatlicher Aufsicht stehende Eider-Lotsenbrüderschaft gegründet worden. Mit dem revidierten Reglement vom 31. März 1802 trug die Kanal-Aufsichtskommission dann der Entwicklung auf dem Kanal entsprechende Rechnung.

Die Lotsenbrüderschaft war in drei – mit der Stationierung der Eider-Lotsengaliote ab 1815 in vier – Abteilungen gegliedert, und zwar bediente die erste alle Schiffe von Rendsburg aus nach Tönning und Holtenau, die zweite von Tönning nach Rendsburg und die dritte von Tönning nach See und weiter bis zur Elbe oder Hever. Alle drei Abteilungen unterstanden dem Lotseninspektor in Tönning, der der zweiten und dritten Abteilung selbst vorstand, die erste dagegen durch einen Ältermann in Rendsburg verwalten ließ. Die Lotsen waren unterteilt in feste und Reservelotsen, die beide geprüft und vereidigt wurden; Reservelotsen mußten spätestens zwei Stunden nach Anforderung bereitstehen, wurden jedoch nur herangezogen, wenn keine festen da waren. Für Notfälle waren noch sogenannte Bei- oder Nebenlotsen vorgesehen, die eine Beglaubigung von Fall zu Fall erhielten.

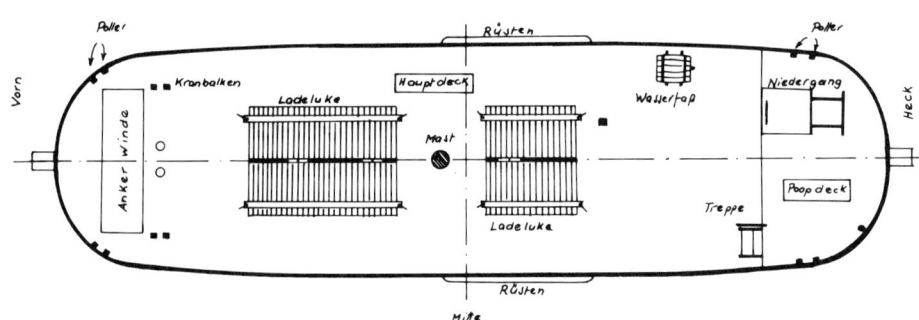

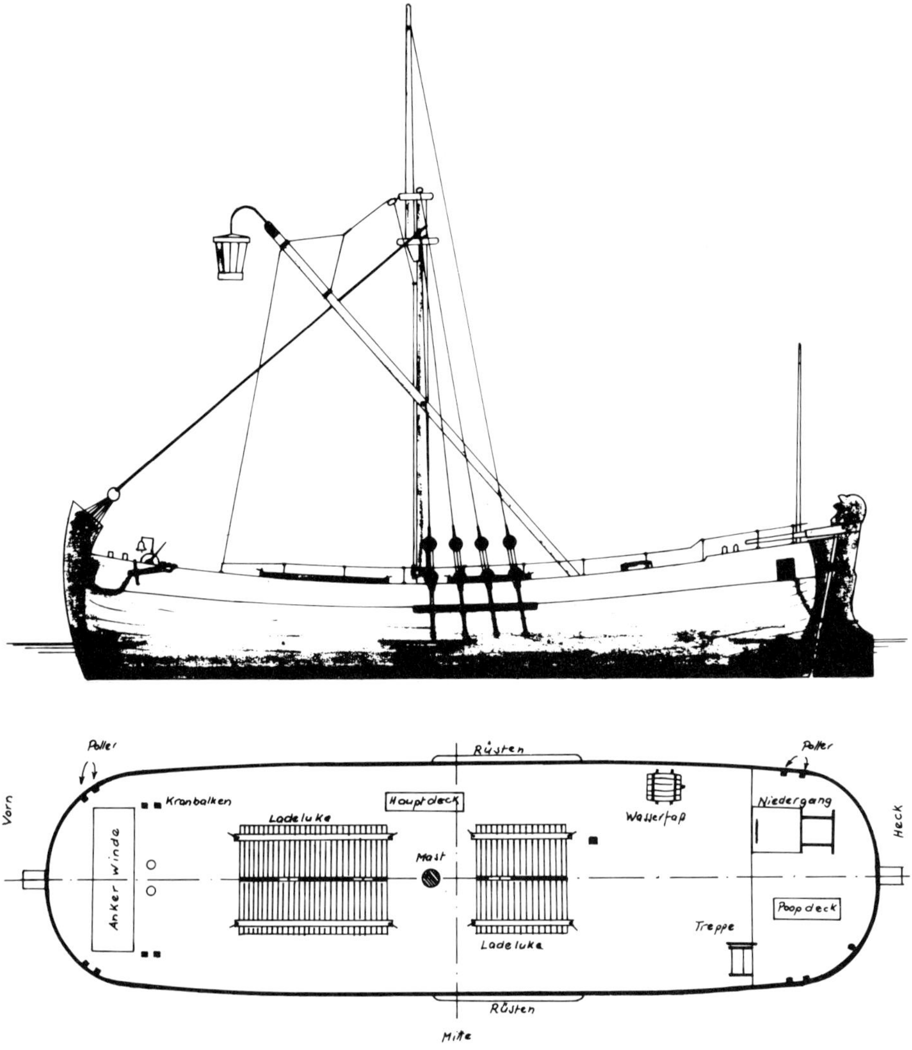

Abb. 23 Eider-Lotsengaliote von 1815, das erste Feuerschiff in der Eider-
Mündung (1815–1833). Ansicht und Aufsicht. Kreisheimatmuseum Rendsburg.

Der Lotse war verpflichtet, das Schiff an seinen Bestimmungsort zu
bringen, durfte jedoch mit der Klarierung nicht befaßt werden. „Während der Fahrt geniesset der Lootse freye Beköstigung, auch ist ihm,
wenn der Dienst einige Ruhe erlaubt, eine reinliche Schlafstelle anzu-
weisen. Ein mehreres zu fordern aber hat er keine Befugnis."[15]
    Eine ebenfalls am 31. März 1802 erlassene Dienstordnung regelte das
Verhältnis der Lotsen untereinander und gegenüber den Vorgesetzten.
Lotse konnte nur werden, wer dänischer Untertan und dessen Eignung

48

durch eine Prüfung festgestellt war. Nebenlotsen konnten nach mindestens einjähriger Tätigkeit die Prüfung zum Reservelotsen ablegen, Reservelotsen wurden nach Bedarf zu festen Lotsen befördert, und zwar auf Vorschlag des Inspektors oder Ältermannes, ohne Rücksicht auf die Dauer der bisherigen Dienstzeit.

Für alle Lotsen bestand Uniformzwang. Der Dienst verlief in einer bestimmten Reihenfolge nach Einteilung durch den Inspektor bzw. Ältermann, wobei es aufgrund der Einteilung in die drei verschiedenen Abteilungen keine Rücklotsungen gab. Die Rückmeldung mußte jeweils unverzüglich erfolgen.

Bei der Neuregelung der Kanalverwaltung durch die Verfügung vom 26. Februar 1850 zum 15. März d. J. wurde das Amt des Lotseninspektors aufgehoben und ein Lotsenkommandeur in Rendsburg eingesetzt, der nunmehr auch für die Betonnung verantwortlich war und dem Finanzdepartment unterstand. Mit der Eingliederung Schleswig-Holsteins in das Königreich Preußen im Jahre 1867 wurde ein der Aufsicht des Regierungspräsidenten in Schleswig unterstehendes Lotsenamt in Rendsburg zuständige Lotsenbehörde.

Um den zu Beginn des 19. Jahrhunderts überaus stark einsetzenden Verkehr in der Außeneider sicherer zu gestalten, wurde neben der Gründung des Eiderlotsen-Wesens 1807 auch beschlossen, eine Eider-Lotsengaliote, ein „Feuerschiff", bauen zu lassen. Es sollte, um auch nachts gesehen zu werden, ein Licht führen und in der Außeneider mit mehreren Lotsen an Bord als ständiges Signalschiff vor Anker liegen. Wegen des Krieges zwischen Dänemark und England konnte es erst am 16. September 1815 vor der Einfahrt in die Eider ausgelegt werden, und fortan waren hier bis zu acht Lotsen stationiert; diese Lotsen bildeten eine eigene, die 4. Abteilung der Eider-Lotsenbrüderschaft.

Als im November 1833 die Eider-Lotsengaliote in einem schweren Sturm strandete und als verloren aufgegeben werden mußte, wurde ab Frühjahr 1834 ein Fahrzeug für die Stationierung der Lotsen gemietet, bis im Frühjahr 1835 ein Neubau zur Verfügung stand, der die Bezeichnung Feuerschiff wirklich verdiente. Es war ein Schiff mit zwei Masten, einer Art Schoner-Takelage und in der heute noch üblichen roten Farbe gestrichen, allerdings mit einem weißen Kreuz, das um die Mitte des 19. Jahrhunderts durch den Namenszug EIDER in großen weißen Buchstaben ersetzt wurde. Das Schiff verließ in der Regel am 30. November jeden Jahres seine Station und nahm sie nach Überwinterung in Tönning mit der Aufnahme der Schiffahrt im folgenden Frühjahr – in der Regel Ende Februar – wieder ein. Es wurde nach 74 Jahren am 14. Dezember 1908 außer Dienst gestellt. Um die Eiderzufahrt noch sicherer zu gestalten, wurde 1868 ein zweites Feuerschiff, die „Außeneider", wie schon der Name sagt, etwa 8,5 sm vor der Eidermündung ausgelegt.

Um die Nachrichtenübermittlung zwischen den Feuerschiffen einerseits und Tönning andererseits schnell und unabhängig von den Schiffahrts- und Witterungsverhältnissen einzurichten, wurde 1877 eine Brieftaubenpost geschaffen. Aus Sicherheitsgründen wurden jeweils bis zu drei Tauben mit derselben Meldung aufgelassen. Die Flugzeit einer Brieftaube von der „Außeneider" bis Tönning betrug ca. eine Stunde.

74. 541. per 12/8. 95.

Tauben Nr. *189, 216. 26,*

Tauben-Depeſche Nr. 15

von dem Kgl. Aeußeren Eider-Feuerſchiff a. d. St.

Abg. 11/8 1895. 12 Uhr 0 Mt. {V. M. / N. M.

An das Königl. Lootsen-Comptoir.

Capitain: *Reimers*

Angek. 11/8 1895 1 Uhr 5 Mt. {V. M. / N. M.

Die Taube Nr. 26. 216.

Kgl. Brieft.-Station (H. Wohlenberg) **Tönning.**

Auch im Bereich der Kieler Förde war angesichts des zunehmenden Verkehrs durch den Kanal die Sicherheit durch die Einrichtung von Leuchtfeuern verbessert worden. 1815 wurden drei feste Feuer eingerichtet, die zum 1. Oktober jenes Jahres ihren Betrieb aufnahmen. Das Feuer auf dem Friedrichsorter Festungswall diente der Warnung vor der unmittelbar vor der Festung befindlichen Untiefe in der Kieler Förde, ein weiteres Feuer war in einem eigens dazu errichteten Gebäude auf der sog. Bülker Hücke an der Außenförde untergebracht, das dritte Feuer wurde an der Kanalmündung eingerichtet. In Friedrichsort und Bülk war je ein Leuchtfeueraufseher angestellt, in Holtenau nahm diese Aufgaben der Packhausverwalter wahr. Das Friedrichsorter Feuer wurde 1853/54 durch einen Leuchtturm ersetzt.

Abb. 24 Brieftauben-Depesche Nr. 15 vom 11. August 1895 von dem äußeren Eider-Feuerschiff nach Tönning. – Die Depesche wurde gleichzeitig den Tauben Nr. 189, 216 und 26 mitgegeben, von denen die Tauben Nr. 26 (als erste) und 216 ankamen; die Mitteilung lautet: Königliches Bauamt, Tönning. Ew. Wohlgeboren melde ich gehorsamst daß um 11ʰ 10ᵐ V.M. ein einmastiges Fahrzeug in Sicht vom Feuerschiff gesunken ist. Dasselbe liegt in SOzS. vom Feuerschiff ca. 3–4 Seemeilen ab, der Topp des Mastes mit der Nationalflagge ist über Wasser zu sehen. Die Besatzung ist von einem in der Nähe befindlichen Ewer gerettet. Herr Wohlenberg: Bitte bei Gelegenheit mehr Tauben schicken. Reimers.

Wirtschaftliche Bedeutung des Kanals

Bei allen Denkschriften und Überlegungen zu einem Kanalbau hatte man sich vor allem von dem Nutzen für das eigene Land leiten lassen. Daß auch für Unternehmer anderer Staaten, die einen Schiffsverkehr in die Nord- und Ostseestaaten betrieben, ein Kanal wirtschaftliche Vorteile bringen würde, war nach der merkantilistischen Auffassung jener Zeit zunächst nicht berücksichtigt worden. So sollten zunächst nur einheimische Schiffe, nicht jedoch die anderer Staaten den Kanal befahren.

Am 10. Mai 1782 erschien ein Oktroi für eine Kanalkompagnie in dänischer, am 13. Mai in deutscher Sprache. Diese „Königlich dänische, norwegische, schleswigsche und holsteinische Handels- und Kanal-Kompagnie", deren Vorstandssitz in Kopenhagen und Direktionssitz in Altona vorgesehen war, sollte mit vielen Handelsvorteilen ausgestattet werden. Sie wurde jedoch kurze Zeit nach der Kanaleröffnung aufgelöst.

Die Kanalpassage wurde 1785 für alle ausländischen Schiffe – zunächst auf sechs Jahre – freigegeben. Mit Recht hatte die Kanalkommission nämlich darauf hingewiesen, daß die Reeder und Kaufleute des Gesamtstaates den Kanal nicht allein ausnützen könnten. Zudem liege ein großer Teil der Frachten in den Händen holländischer und englischer Unternehmer. Der Ausschluß fremder Nationen könnte darüber hinaus schnell zu „allgemeiner Unzufriedenheit" führen.

Die wirtschaftliche Bedeutung des Kanals lag in der Zeiteinsparung gegenüber dem Umweg um Skagen, in der Risikominderung für Schiffe, Besatzung und Ladung, in den Vorteilen für die Hafenstädte, insbesondere für Tönning und Rendsburg, sowie für den Untereider-Bereich in der Belebung des Schiffbaues. Viele auch einander beeinflussende Faktoren wirkten in diesem landschaftsübergreifenden Verkehrs- und Wirtschaftssystem zusammen, das zugleich einer großen Zahl von Menschen direkt oder indirekt neue Arbeitsmöglichkeiten bot.

Der Kanal sollte in erster Linie dem Schiffsverkehr zwischen den Ostseehäfen mit den nordwesteuropäischen Festlandshäfen und dem englischen Industriegebiet dienen, also mit Wirtschaftsgebieten, in denen Produkte und Rohstoffe der Ostseestaaten abgesetzt wurden. Für diesen Verkehr brachte der Kanal die seit Jahrhunderten ersehnte direkte Verbindung zwischen Nord- und Ostsee. „Der Schleswig-Holsteinische Kanal, ein in jeder Hinsicht bewunderungswürdiges und herrliches Werk, ist das Resultat staatswirtschaftlicher Grundsätze, welche in der Oktroy vom 13. Mai 1782 anschaulich gemacht worden sind. Es ist durch denselben für den directen Handel zwischen Holland, England, Frankreich und der Ostsee ein kurzer und mit weit geringerer Gefahr, als durch das Kattegatt, verbundener Weg eröffnet worden."[11]

Die Wegabkürzung war ganz erheblich, wie die folgende Tabelle zeigt:

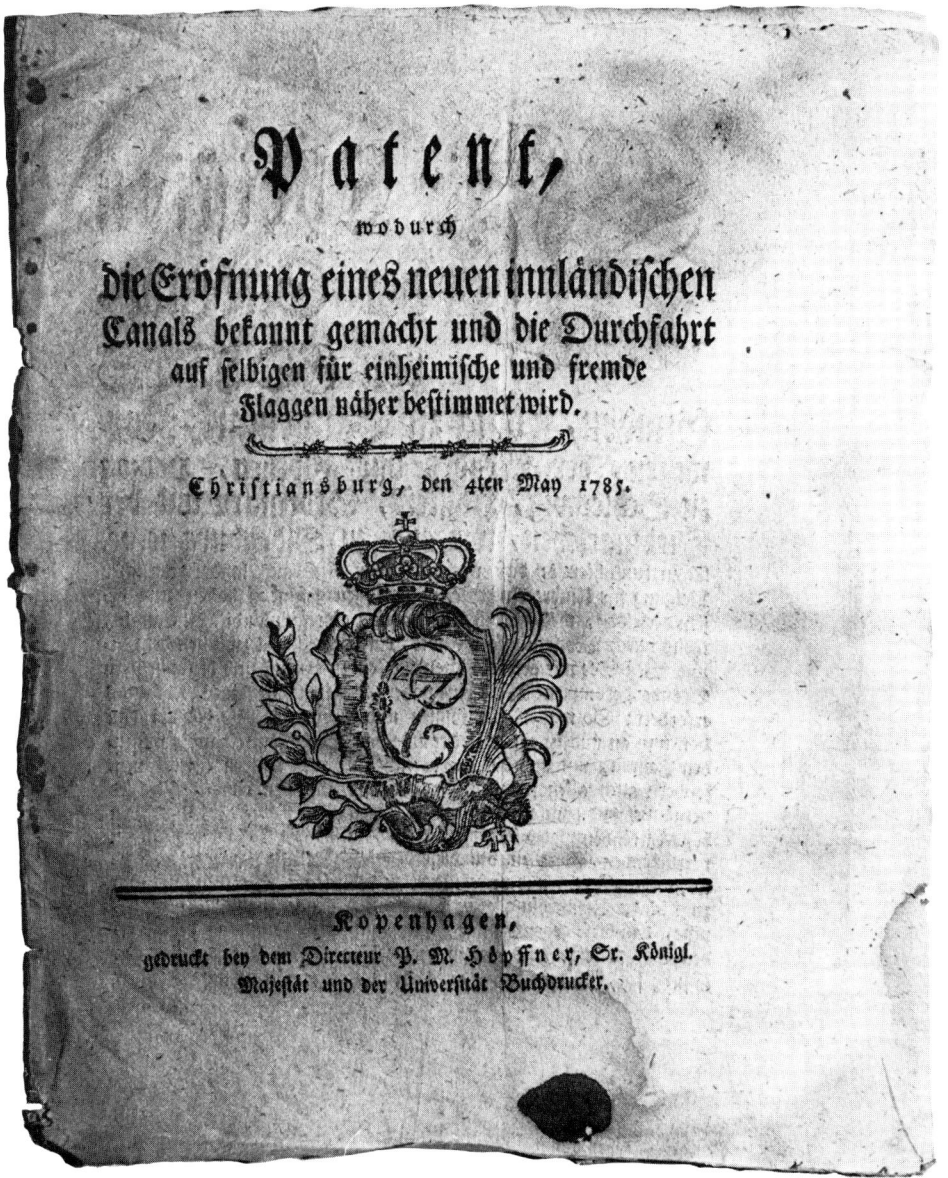

Patent,

wodurch

die Eröfnung eines neuen innländischen Canals bekannt gemacht und die Durchfahrt auf selbigen für einheimische und fremde Flaggen näher bestimmet wird.

Christiansburg, den 4ten May 1785.

Kopenhagen,
gedruckt bey dem Directeur P. M. Höpffner, Sr. Königl.
Majestät und der Universität Buchdrucker.

Abb. 25 Patent zur Eröffnung des Kanals vom 4. Mai 1785. – Es enthielt u. a. erste Regelungen für die Schiffahrt auf dem Kanal sowie einige Abgabebestimmungen. Kreisheimatmuseum Rendsburg.

von Moen nach	durch den Kanal sm	um Skagen sm	Wegersparnis sm
Hull	561	717	156
London	616	830	214
Dünkirchen	586	800	214
Antwerpen	565	777	212
Rotterdam	504	716	212
Amsterdam	475	687	212

Wesentlich größer noch war die Abkürzung zwischen den deutschen und dänischen Ost- und Nordseehäfen.

Die Verringerung des Seeweges brachte zugleich auch einen Zeitgewinn mit sich, der allerdings nicht zu hoch angesetzt werden darf. Er mag im Durchschnitt zwischen ein und drei Tagen betragen haben. Zu berücksichtigen ist, daß die mittlere Reisegeschwindigkeit eines Segelschiffes etwa 3 sm/h betrug, stets abhängig von den Wind- und Wetterverhältnissen; diese Geschwindigkeit konnte in dem engen Fahrwasser des Kanals nicht immer gehalten werden, schon gar nicht auf der Untereider, da wegen der Krümmungen selbst eine ansonsten günstige Windrichtung nicht voll ausgenutzt werden konnte. Die offene See erlaubte dagegen bei günstigem Wind doppelt so große Geschwindigkeiten und mehr. Anhaltend ungünstiger Wind ließ die Schiffe auf der Untereider für Tage, ja manchmal für Wochen stilliegen, auf offener See dagegen kann bei jeder Windrichtung gesegelt werden.

Auch für die Dampfschiffahrt war der Zeitgewinn gering; er betrug nur wenige Stunden, ja manchmal war er gleich Null. Die Dampfer konnten auf dem Kanal und der Eider nicht die normale Geschwindigkeit, die mit ca. 8 sm/h anzunehmen ist, fahren und mußten zudem noch die Aufenthalte in den Schleusen hinnehmen.

Es ist also davon auszugehen, daß die Schiffahrt, vornehmlich kleinere Küstenschiffe, die Kanalfahrt trotz der hohen Gebühren, mit denen sie belastet war, bevorzugte aus Furcht vor Unglücksfällen auf der offenen See.

Insgesamt gesehen nahm der Verkehr durch den Kanal eine erfreuliche Entwicklung; bis 1830 liefen 94 106 Schiffe durch den Kanal, der damit der meistbefahrene Kanal Europas war. Im Kanalverkehr heben sich die Krisen- und Kriegsjahre deutlich ab. Nach einem nur sehr geringen Anfangsverkehr in den ersten vier Jahren von knapp 500 Fahrzeugen stieg die Zahl der Durchfahrten in den folgenden Jahren bald auf 2000 Schiffe an, schnellte in den Jahren 1802 bis 1806 während der englischen Seeblockade sogar auf über 3000 hoch. Danach fiel die Anzahl der Durchfahrten aufgrund der Kontinentalsperre Napoleons stark ab, so daß erst wieder ab 1814 von einem normalen Verkehr gesprochen werden kann, der sich bis 1838 auf durchschnittlich 2600 Passagen jährlich belief. Der Kanal teilte fortan die wirtschaftliche Aufwärtsentwicklung des Landes und erreichte zwischen 1874 und 1883 mit 4000 bis 4500 Durchfahrten seine besten Ergebnisse; der Höhepunkt war 1872 mit 5222 Schiffen erreicht.

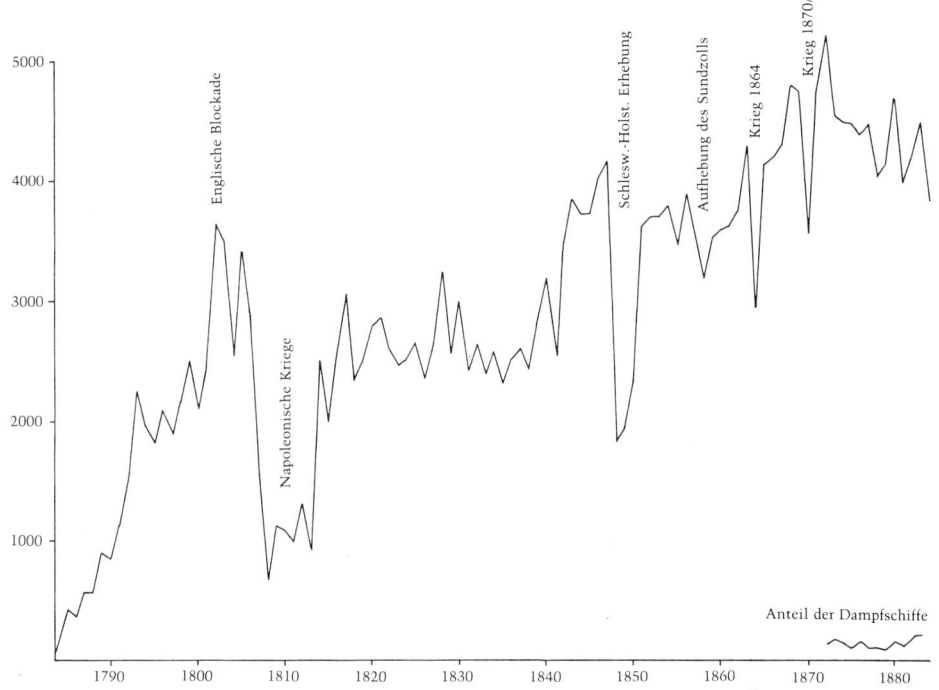

Englische Blockade

Napoleonische Kriege

Schlesw.-Holst. Erhebung

Aufhebung des Sundzolls

Krieg 1864

Krieg 1870/71

Anteil der Dampfschiffe

5000

4000

3000

2000

1000

1790 1800 1810 1820 1830 1840 1850 1860 1870 1880

Seit den 1870er Jahren benutzten auch Dampfer den Kanal; es führten sogar regelmäßige Dampfschiffsverbindungen durch den Kanal: Kiel–Bremen, Malmö–Kopenhagen–Hamburg, Danzig–Lübeck–Bremen. Nachdem 1870 sogar auf der Loire erbeutete Kanonenboote durchgeschleust worden waren, benutzten ihn auch kleinere Schiffe der Kaiserlichen Marine wie z. B. Torpedoboote. Insgesamt haben in den hundert Jahren seines Bestehens über 284 000 Schiffe den Kanal durchfahren.

Unter der großen Zahl verschiedener Güter, die auf dem Kanal verfrachtet und z. T. auch in den Packhäusern gelagert bzw. umgeschlagen wurden, stand Getreide an erster Stelle: Weizen, Roggen, Rapssaat, die im wesentlichen aus Dithmarschen und Eiderstedt nach Kopenhagen verladen wurden. Weitere landwirtschaftliche Erzeugnisse in der Kanalfahrt waren Kartoffeln, Leinsaat und Rüböl. Aus dem Flensburger und Kappelner Raum wurden Baustoffe, Dach- und Mauersteine, Tran und Teer geliefert. Aus Rußland, insbesondere aus Petersburg und Riga, kamen Flachs, Leinen und Holz, aus Schweden Stahl und Eisen, Teer und Kalk. Ostwärts gingen recht kostbare Waren, die teilweise aus den westindischen Kolonien kamen: Zucker, Branntwein und Rum, Früchte, Sirup, Kaffee, Tabak und Reis. Wein, Rosinen, Tee, Essig sind ebenso in den Zollbüchern als Transitgüter vermerkt wie Hanf, Pech, Salpeter, Zink und Kohle.

Abb. 26 *Ausflug prominenter Kieler Bürger zur Knooper Schleuse, August 1888. Erster Herr links vom Dampferschornstein: Fotograf Renard, Kiel, Herr daneben: Herr Garbsen. Herr, der linke Hand auf das weiße Geländer der Brücke legt: Herr Paulsen (Firma Paulsen & Ivers), links daneben: Frau Paulsen.*

Etwa 45 % der Schiffe entfielen auf den Durchgangsverkehr, und der durchschnittliche Anteil der Ausländer – darunter Holland, England, Schweden, Finnland, die Hansestädte Hamburg, Bremen und Lübeck – betrug etwa 50 %. Die Kanaleinnahmen nach den verschiedenen, stark differenzierten Abgaben aufzuschlüsseln, ist heute nicht mehr möglich. Es gab Durchfuhr- und Transitzölle, Passagegelder, Kanallast-, Kanalfeuer-, Eidertonnen- und Bakengelder, Brücken- und Schleusengelder – eine Vielzahl von umfangreichen Abgabeverhältnissen, die weniger von wirtschaftlichen als von fiskalischen und politischen Gesichtspunkten bestimmt waren. Hinzu kam seitens Dänemark noch, daß der Kanal nie eine ernsthafte Konkurrenz zum Sundverkehr werden durfte. Die Zollabgaben waren seit der Kanaleröffnung stets höher angesetzt als der Sundzoll, der einen nicht unwesentlichen Anteil an den dänischen Staatseinnahmen hatte. Das der Stadt Tönning im Jahr 1590 verliehene Recht, Tonnen- und Bakengeld einzuziehen, wurde ihr bereits 1785 gegen eine Abfindung von 10 000 Reichstaler genommen. – Über die Kanalabgaben, die Zölle und Passagegelder hat es während der ganzen Zeit bis 1869 häufig und regelmäßig wiederkehrende Klagen gegeben.

Während das Auf und Ab des Wirtschaftslebens und des Geschäfts-
verkehrs bis 1869 ohne wesentlichen Einfluß auf die Gestaltung der
Abgabentarife blieb, wurden sie dagegen um so mehr von den politischen Verhältnissen Dänemarks, insbesondere seiner Macht- und
Außenpolitik bestimmt.

Schon im April 1781 hatte die Kanal-Kommission eine Aufforderung
an die Generalzollkammer gesandt, einen Zolltarif zu erstellen – es war
die Absicht der Kanal-Kommission, die Kanalgebühren bei allen Wirt-
schaftlichkeitsüberlegungen möglichst niedrig zu halten, um mit
Lübeck wetteifern zu können. Der Tod des älteren Schimmelmann und
die Aufnahme des Ministers Høegh-Guldberg am 21. April 1782 in die
Kanal-Kommission sind wahrscheinlich der Grund dafür gewesen, daß
der Grundsatz der Rentabilität aufgegeben wurde und jetzt nicht nur
merkantilistische Gesichtspunkte Berücksichtigung fanden.

Wurden zu Anfang lediglich die sog. Wertzölle von den Schiffern
erhoben, so kamen ab 1804 die Kanalpassage-Gelder unter den verschie-
densten Bezeichnungen hinzu. Der Kanalzoll war bei Eröffnung des
neuen Schiffahrtsweges mit durchschnittlich 1,5 % des Warenwertes
festgelegt worden unter Befreiung aller inländischen, dänischen, nor-
wegischen, grönländischen und isländischen Produkte sowie aus
„Kopenhagen kommende(n) chinesische(n), wie auch ost- und westindi-
sche(n) Waaren". Die am 25. Mai 1785 ergangene Kanal-Zoll-Ordnung
sollte ursprünglich zwar nur sechs Jahre in Kraft bleiben, wurde jedoch
erst durch die neue, 62 Paragraphen umfassende Kanal-Passage-Zollver-
ordnung vom 15. Juni 1792 ersetzt, die in ihrem Tarif, der sog. Kanal-
passagerolle, 311 feste Zollsätze aufführte, und zwar von mindestens
1 % bis höchstens 3 % des Warenwertes. Die Modifizierungen des
Zolltarifs in den Jahren 1813, 1825, 1829, 1833 und 1838 brachten im
Grundsatz zwar nur unwesentliche Änderungen, aber eine Vermehrung
der festen Zollsätze. Die neue Verordnung vom 19. Juni 1840, die zum
1. Januar folgenden Jahres in Kraft trat, beinhaltete eine erhebliche
Erhöhung der Transitzölle, eine weitere Vermehrung der Zollsätze
sowie Vorschriften über Ladungspapiere, die den Schiffern jetzt einen
erheblichen Aufwand abforderten.

Die Reaktion der Schleswig-Holsteiner schlug sich nieder in Resolu-
tionen an die Ständeversammlungen mit der Forderung, diese Verordnung umgehend rückgängig zu machen. Sie wurde daraufhin in mehreren Punkten zunächst geändert, und am 23. März 1842 wurde dann ein
neuer Zolltarif eingeführt, der die Gleichstellung des Kanal- mit dem
Sundzoll brachte; damit wurde eine schon lange bestehende Forderung
der schleswig-holsteinischen Schiffahrt und Wirtschaft eingelöst. Die
Zollabgaben wurden um ca. 20 % gesenkt, alle inländischen Produkte
waren weiterhin befreit, die Anzahl der Zollpositionen wurde von
bisher 518 auf 240 verringert. Es fielen ganz fort die Berechnung des
Zolls nach Schiffspfunden verschiedener Schwere, nach Lasten verschiedener Größe, nach Stückzahl von verschiedenem Ellenmaß, nach
dem Herstellungsland, nach privilegierten und nichtprivilegierten Flaggen. Die Folge dieser Maßnahmen war eine erhebliche Zunahme des
Kanalverkehrs. Dieser Zolltarif wurde 1843, 1846 und 1847 geändert,

wobei allerdings die neuerliche Einführung eines Kanallastgeldes für durchfahrende leere und beladene Schiffe im Jahre 1843 in seiner unmittelbaren Auswirkung auf das Wirtschaftsleben des Landes geringfügig blieb.

Als 1848 die schleswig-holsteinische Erhebung ausbrach, ging der Verkehr auf dem Kanal ganz erheblich zurück, zumal dänischen Schiffen die Durchfahrt zunächst verwehrt wurde. Schon frühzeitig gab es innerhalb der Regierung/Statthalterschaft der Herzogtümer Bestrebungen, über eine Neuordnung der Zollabgaben für den Kanal eine Belebung der schleswig-holsteinischen Wirtschaft herbeizuführen. So wurde auf Beschluß der Landesversammlung vom 11. April 1850 ein neuer Zolltarif zum 13. d. M. eingeführt, der sich an den bisherigen Grundsätzen der Gleichstellung von Kanal- und Sundzoll sowie an der Befreiung inländischer Waren orientierte, darüber hinaus die Anzahl der Zollsätze verringerte und sie selbst um durchschnittlich 25 % senkte. Neu eingeführt wurde dagegen eine Abgabe auf Mosel-, Rhein-, ungarische und italienische Weine. Da Dänemark im handelsrechtlichen Sinne jetzt als Ausland betrachtet wurde, sollten aber dennoch alle dänischen und die von dänischen westindischen Inseln stammenden Waren auch im Kanal weiterhin befreit sein, solange nach dem Prinzip der Gegenseitigkeit schleswig-holsteinische Güter im Sund und Belt zollfrei waren.

Abb. 27 Schleuse bei Knoop, aus dem Skizzenbuch der Sophie Reventlow, Wittenberg, 1816.

Abb. 28 Gut Knoop mit dem davor verlaufenden Kanal, aus dem Skizzenbuch der Sophie Reventlow, Wittenberg, 1819.

Dieser Zolltarif wurde 1851 mit dem Ende der schleswig-holsteinischen Erhebung aufgehoben. Noch schwieriger gestaltete sich für den Kanalhandel die Lage, als 1857 der Sundzoll gegen eine Abfindung von 68,5 Millionen Mark aller am Ostseehandel beteiligten Staaten aufgehoben und auf dieser Grundlage ein neues Zollgesetz eingeführt wurde; es brachte allerdings im wesentlichen keine Änderung oder Neuerung, sondern lediglich die Zusammenfassung der bisher in verschiedenen Verordnungen niedergelegten Bestimmungen. Die Folge der Aufhebung des Sundzolls war trotz des allgemein zunehmenden Seehandels eine Stagnation im Kanalverkehr, da die Kaufleute die Schiffsführer nun verpflichteten, die Sundpassage zu wählen oder die Kanalabgaben aus eigener Tasche zu bezahlen; insbesondere die fremden Flaggen und der Massengütertransport mit Kohle, Erz und Holz wichen in verstärktem Maße auf den Sund aus. In einer „Denkschrift betreffend die Schiffahrt durch den Eidercanal und auf Orte an der Eider – verfaßt für eine Eingabe der Krämer-Compagnie in Rendsburg" von Consul Johann Christian von Zerssen aus dem Jahre 1863 werden diese Gesichtspunkte eingehend erörtert und zugleich Maßnahmen zur Abhilfe vorgeschlagen. Consul v. Zerssen hatte schon im Jahre 1857 drei Denkschriften und 1858 eine weitere Eingabe wegen der Verteuerung der Kanalschiffahrt verfaßt.

59

Abb. 29 Gut Projensdorf und Kanal, aus dem Skizzenbuch der Sophie Revent-low, Wittenberg, vom 4. Oktober 1819.

Doch die politischen Ereignisse ließen weitergehende Überlegungen in dieser Richtung nicht (mehr) zu; eine spürbare Erleichterung für den Kanalverkehr trat erst 1867 mit dem Anschluß Schleswig-Holsteins an Preußen ein. Im April jenes Jahres wurden alle Transit- und Durchfuhr-zölle aufgehoben, durch Erlaß vom 2. Juni 1869 außerdem das Kanal-last-, Kanalfeuer-, Eidertonnen- und Bakengeld, ebenso die Gebühren für das Öffnen der Schleusen und Aufziehen der Brücken, da die Schleusen- und Brückenwärter nun vom Staat besoldete Beamte wur-den. Anstelle der fortgefallenen Gebühren gab es jetzt nur eine Abgabe in Form eines Lastgeldes zwischen Holtenau und Rendsburg, das aber ganz erheblich niedriger war als die Summe der vorherigen Abgaben. Daneben waren wie bisher nur noch Lotsengelder zu entrichten.

Die durchschnittliche jährliche Einnahme der Kanalabgaben betrug

1785–1792	14 663 Reichstaler
1793–1840	92 327 Reichstaler
1841–1842	115 050 Reichstaler
1843–1847	121 820 Reichstaler

und entsprach damit einer jährlichen Nettoverzinsung des Anlagekapi-tals von 2–2½ %. Diese Verzinsung war für eine öffentliche Einrich-tung voll ausreichend, da ja nicht die Gewinnmaximierung, sondern vielmehr volkswirtschaftliche Aspekte im Vordergrund standen.

Als jedoch Preußen die Kanalabgaben in den Jahren 1867 und 1869 stark herabsetzte, betrugen die durchschnittlichen jährlichen Einnahmen nur noch 35 000–40 000 M, die dann nicht einmal mehr ausreichten, die Ausgaben von ca. 90 000 M zu decken. Von größeren finanziellen Vorteilen des Staates aus den Kanalabgaben kann also zu keiner Zeit gesprochen werden.

Die volkswirtschaftliche Bedeutung des Kanals lag vielmehr in der verkehrsmäßigen Erschließung des Landes, der damit begünstigten Entwicklung der Hafenplätze – vornehmlich Rendsburgs und Tönnings – sowie in der Ansiedlung neuer Betriebe. Schon Georg Bruyn, Etatsrat und Bürgermeister in Schleswig, hatte in seiner in deutscher und dänischer Sprache 1784 erschienenen „Aufforderung an meine Mitbürger zur Theilnehmung an dem Canal-Handel" u. a. auf die Möglichkeiten neuer Industrien aufmerksam gemacht. Wenn sie nicht in dem von ihm vorhergesagten Umfange eintraten, so lag es im wesentlichen an der restriktiven dänischen Kanalpolitik; dennoch ergaben sich mit dem Kanal unzweifelhaft neue Handels- und Wirtschaftswege für Schleswig-Holstein. 12, 13

Kiel hatte keinen unmittelbaren Vorteil aus dem Kanal, da Holtenau von der Stadt zu weit entfernt liegt und die Stadt selbst nur geringes Interesse am Kanal zeigte. Kiel hatte außerdem einerseits keinen Eigenhandel, andererseits entwickelte es keine Initiativen, am Kanalhandel in irgendeiner Form teilzunehmen. Da die Stadt nur wenige geeignete Schiffbauplätze aufwies, konnte sie auch nicht von dem aufblühenden Schiffbau profitieren – in Kiel wurden z. B. 1836 und 1839 nur je drei Schiffe gebaut. Ebenso zog Holtenau keinen Nutzen aus seiner Lage an der Kanalmündung, es blieb weiterhin ein kleines, bescheidenes Dorf, das erst mit dem Bau des Nord-Ostsee-Kanals seine Strukturen grundlegend veränderte.

Rendsburg dagegen wurde durch den Kanal zu einem Seehafen und Umschlagplatz, wobei allerdings die Eigenschaft als Festung die Entwicklung der Stadt zumindest bis 1852 stark behinderte und die günstige Lage nicht voll ausnutzen ließ. Doch gewiß wäre 1827 die Carlshütte in Rendsburg nicht gegründet worden, wenn die Lage für den Transport der Rohstoffe einerseits, der Fertigwaren andererseits nicht so vorteilhaft gewesen wäre. Holzhandel, Schiffbau, Schiffahrt und Reederei sowie das Braugewerbe nahmen durch den Kanal in Rendsburg ebenfalls bedeutenden Aufschwung. 30

Auch Friedrichstadt erlebte einen bescheidenen Aufschwung seiner Wirtschaft, wenn es andererseits auch gegen die Konkurrenz des günstiger gelegenen Tönning, das zudem über bessere Hafenanlagen und das große Packhaus verfügte, nicht ankommen konnte. Der Ort, als Winterquartier gern aufgesucht, war Heimathafen einer größeren Anzahl von Schiffen (1864 = 32 Schiffe von 10 Commerzlasten und mehr, 27 Fahrzeuge unter 10 Commerzlasten); viele kleinere Torf- und Fischerboote dienten zugleich dem Zulieferverkehr für die Kanalfahrt. 31

Tönning, das erst 1803 das Stadtrecht erhielt, war schon von jeher ein Hafenort mit engen Verbindungen nach England und hat wohl von allen Orten den größten Nutzen aus dem Schleswig-Holsteinischen Kanal gezogen. Der Verkehr mit England nahm durch den Kanal einen erheblichen Aufschwung, insbesondere durch die guten Unterbringungsmöglichkeiten für Schiffe. Die Tönninger Kaufleute verfügten zwar nicht über eigene Schiffe, sie betätigten sich vielmehr als Aufkäufer und Makler. Großen Nutzen hatten die Handwerker und Händler, „da die Schiffe hier anlegen müssen und nicht leicht eins ohne etwas Proviant mitzunehmen aus Tönning geht, welches zuweilen sehr bedeutend ist und wenns auch nur 10 Thaler an Wert seyn sollte, der durch die Menge immer ein Ansehnliches zur Konsumption beyträgt"[17]. Auch neue Erwerbszweige entstanden durch den Kanal in Tönning: eine Reepschlägerei, eine Lohgerberei, Stärkefabriken, zwei Brauereien und eine Ziegelei.

Besondere Einnahmen boten sich für die Stadt, als wegen der napoleonischen Kontinentalsperre und der Elbblockade in der Zeit von Juni 1803 bis August 1807 der Verkehr auf dem Kanal besonders rege wurde. Tönning wurde zum wichtigsten Stapelplatz an der Nordseeküste, da es ja zum neutralen dänischen Gesamtstaat gehörte. Alle nach Hamburg bestimmten Schiffe liefen jetzt den Eiderhafen an, von wo aus die Güter direkt entweder mit Pferdefuhrwerken auf dem Landweg oder durch Küstenschiffahrt nach Hamburg gelangten.

Doch Tönning war zu Beginn der Elbblockade gar nicht auf einen so großen Verkehr eingestellt. „Es fehlte an allem. Große Kosten wollte man für einen mutmaßlichen Augenblick nicht verwenden. Die Empfänger der Güter in Hamburg schrien laut über die Unordnung, Ver-

Abb. 30 Rendsburg von der Schleswigschen Seite in den Jahren 1852 bis 1864, nach einer Lithographie von A. Meinung. – Links der Obereiderhafen, in der Mitte die Schleuse mit Zollhaus, rechts das Packhaus und der Untereiderhafen.

Abb. 31 Ansicht von Tönning zur Zeit der Elbblockade. In der Mitte das Kanalpackhaus, rechts der Turm der St.-Laurentius-Kirche; auf der Eider hamburgische, britische und amerikanische Handelsschiffe. Unsigniert, Öl auf Leinwand, um 1807. Eiderstedter Heimatmuseum, St. Peter-Ording.

wahrlosung, Verderb der Waaren, Veruntreuung und Verschlimmerung des Transportes."[18] Bald aber änderte sich das Bild; Tönninger und Hamburger Spediteure – es waren bis zu 30, die hier in jener Zeit ein Kontor unterhielten – sparten weder Mühe noch Kosten, „durch zweckmäßige Mittel den Verkehr und Transport zu erleichtern, den Hafen zu verbessern, Magazine zu errichten, die Zahl der Jollenführer zu verbessern, tüchtige Arbeitsleute, woran es fehlte, und Küper herbeyzuschaffen"[19].

Ab 1805 leitete auch die holländisch-ostindische Kompagnie alle Waren durch den Kanal nach Kopenhagen. Die Zolleinnahmen schnellten von 25 000 Reichstaler auf 200 000 Reichstaler hoch. Die Packhäuser reichten nicht mehr aus; die Waren wurden teilweise im Freien gestapelt, Bauern ließen ihre Felder liegen und übernahmen die weitaus ertragreicheren Fuhrgeschäfte.

In den Erinnerungen einer Tönningerin lesen wir dazu: „Fürs erste ließ der Handel sich in Tönning nieder... Kaufleute von Hamburg, Altona und Bremen, auch von den kleinen Handelsplätzen und Häfen von der Elbe und der Jahde bis nach Holland hinunter, hatten ihre Contore hierher verlegt, denn die Mündung der Eider, als unter Däne-

Abb. 32 Das Packhaus in Tönning, um 1955.

marks Hoheit liegend, war dem Schiffsverkehr offen. Kapital und Spe-
culation konnten, wenn auch gefährdet und beschränkt, von hier aus
ihre Unternehmungen wagen. So kamen auch Menschen zueinander,
die sich nie gesucht, oder die sonst sich nicht gekannt hätten . . ."[20]
  Doch nach der Aufhebung der Kontinentalsperre wurde Tönning
wieder zu dem Hafen, der es vor 1803 gewesen war – das Leben
normalisierte sich. So liefen 1823 nur noch 67 Schiffe, davon 38 Schiffe
nach Amsterdam, von Tönning aus.

Schiffbau

Viele Menschen fanden durch den Kanal und mit der Zunahme des Verkehrs Arbeit und Einkommen. Auch das Aufblühen des Schiffbaues hauptsächlich in Rendsburg, Nübbel, Friedrichstadt und Tönning resultierte aus dem Kanal; allein in Nübbel waren 1840–1860 sechs Schiffbaubetriebe mit 60–70 Mann voll beschäftigt.

Die Vorteile des Kanals waren mehr mittelbarer Natur, indem der Entwicklung des Handels und der Erschließung des Landes viele Impulse gegeben wurden.

Auf der Eider fuhren vor dem Bau des Kanals – mit Ausnahme der wenigen größeren Schiffe der Rendsburger Reeder – nur Prähme im Rahmen der Holzausfuhr, die hauptsächlich nach Holland ausgerichtet war und im wesentlichen als Wattenschiffahrt abgewickelt wurde. Weiterhin gab es auf der Eider noch Ewer und Pünten. Als 1784 der Kanal eröffnet wurde, bevorzugten die Holländer mit ihren rundbauchigen Schiffen die neue Passage, und so werden die Eiderschiffer wohl mit

Abb. 33 Schiffswerft Ww. J. H. Fack in Tönning im Jahre 1897; links eine Pünte von der Ems, rechts zwei Eiderschniggen.

65

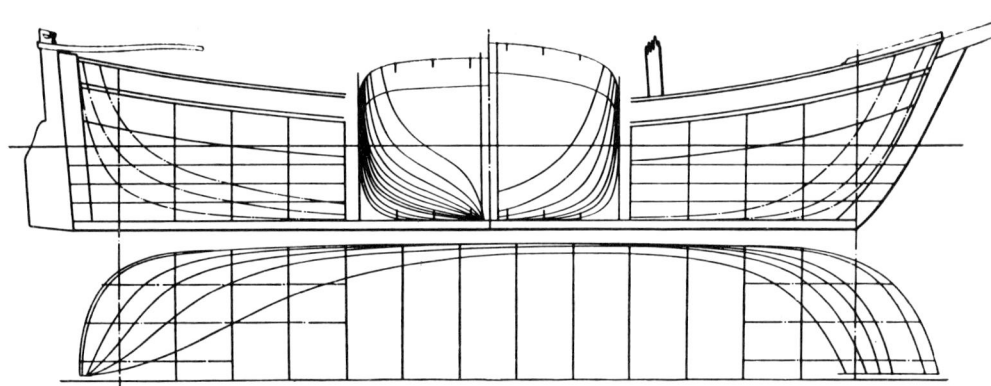

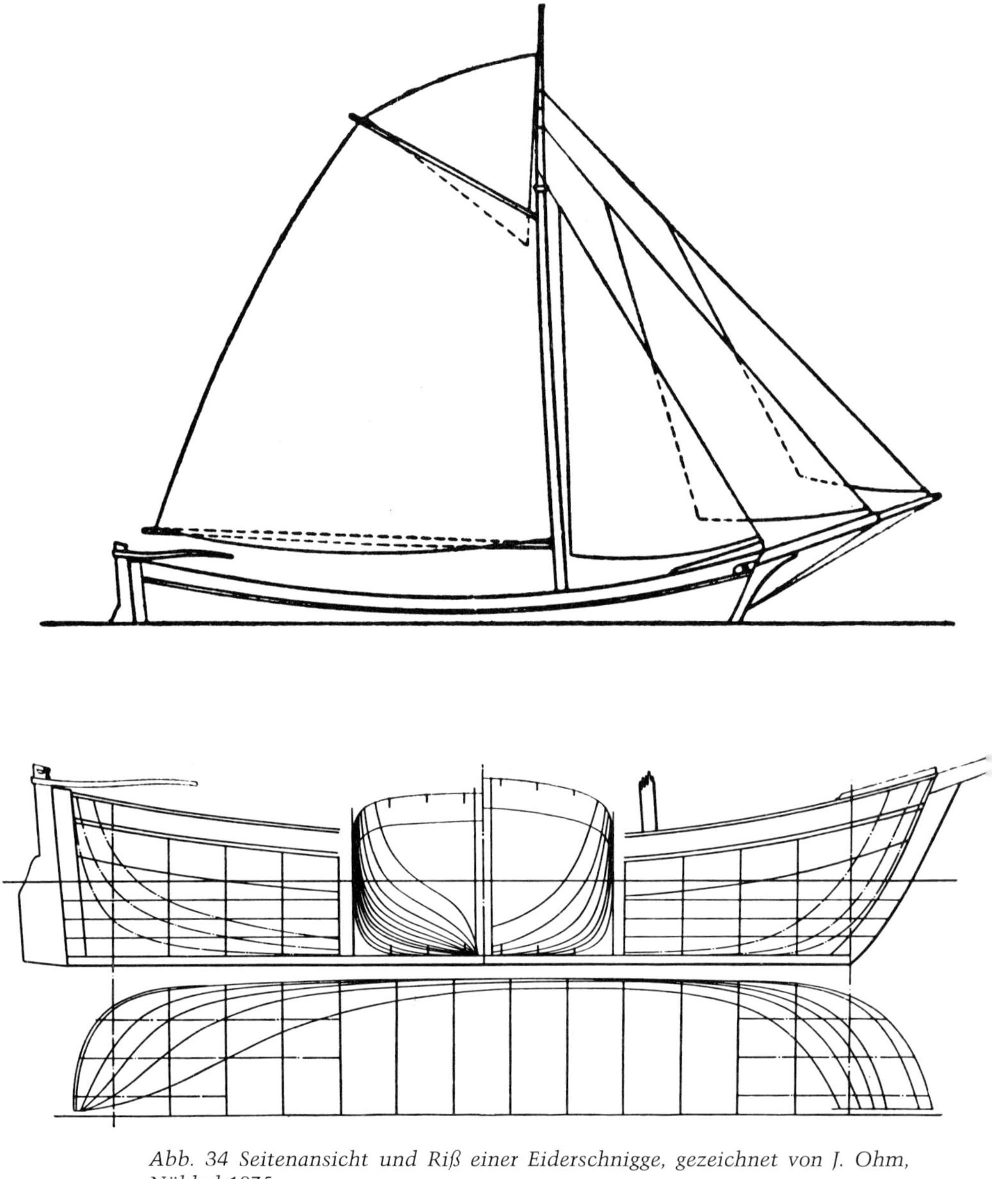

Abb. 34 Seitenansicht und Riß einer Eiderschnigge, gezeichnet von J. Ohm, Nübbel 1875.

Abb. 35 Pfahlkuff bei Rendsburg im Jahre 1885.

den Vorzügen dieser Typen vertraut geworden sein und sie zum Vorbild
bei Neubauten genommen haben. Es entwickelten sich in der Folgezeit
für die Eider- und Kanalschiffahrt eigene Schiffstypen mit begrenzter
Ladefähigkeit, wobei deren Benennung selbst bei den Schiffbauern und
Schiffern nicht einheitlich war:

1. *(Eider-)Galiot:* Schiffsart holländischen Ursprungs mit abgerunde-   23
tem Vor- und Achterschiff.

2. *(Eider-)Schnigge,* auch *Bulle* oder *Eiderbulle:* ein- und zweimastiges,   34
breites bis völliges Schiff mit schwach gerundetem Boden und breitem,
niedrigen Kiel sowie großen Seitenschwertern.

3. *Tjalk:* holländischer Schiffstyp, vorn und achtern stark abgerundet,
mit Seitenschwertern.

4. *Bojer:* nach holländischem Vorbild entwickeltes schmales, niedriges
Fahrzeug mit flachem Boden und kleinem Kiel sowie losen Schwertern
und einem umlegbaren Mast; im Volksmund wurde dieser Schiffstyp
,,Slüsenkrüper'' (Schleusenkriecher) genannt.

5. *Kuff:* holländischer, gut segelnder Schiffstyp mit stark gerundeter,   35
plumper Bug- und Heckform, teilweise mit Seitenschwertern.

6. *Pünt(e):* flach gebautes Schiff mit vorn und achtern spitz zulaufendem Rumpf und Seitenschwertern.

7. *Galeass(e):* vermutlich in der 2. Hälfte des 18. Jahrhunderts in Pommern entstandene, vollbugige Schiffsform mit plattem Spiegelheck und von großer Tragfähigkeit.

8. *Schoner:* kleineres, zweimastiges Schiff mit Gaffelsegeln, scharfem Achterschiff und Spiegelheck.

9. *Jacht:* aus Holland über Dänemark im 18./19. Jahrhundert gekommener schmaler Seeschiffstyp mit großem Spiegelheck.

Da der Kanal nur eine bestimmte Breite hatte, waren bereits um 1777/78 von dem Direktor der Kopenhagener Kriegswerft, dem berühmten Schiffskonstrukteur Henrik Gerner, Typenpläne für einen Schoner und eine Brigg, die sog. Kanalfahrer, ausgearbeitet worden. In den darauffolgenden Jahren wurden noch weitere Typenpläne erstellt, darunter einer vom 19. April 1782 für ,,Eine Brigg die durch den Canal in Holstein fahren kann''.

Längs des Kanals und insbesondere an der Untereider entwickelte sich ab 1800 ein lebhafter Schiffbau, wobei einige Werften sich sogar auf bestimmte Schiffstypen spezialisierten. Gefördert wurde diese Enwicklung durch eine Verordnung aus dem Jahre 1816, die zur Förderung des Schiffbaues den Verkauf fertiger Schiffe ins Ausland erleichterte; teilweise wurden auch Befreiungen von Zunftschranken ausgesprochen und durfte Material unter bestimmten Bedingungen zollfrei eingeführt werden.

Holzschiffbauplätze von Bedeutung für den Kanalverkehr waren Nübbel, Rendsburg(-Vorwerk), Friedrichstadt und Tönning. Die Schiffbauer in Nübbel waren weithin als tüchtige Handwerker bekannt; es waren *Rohwer* (vor 1800–1869 und 1882–1906), *Sievers* (1842–1864), *Bock* (1844–1880), *Glüsing (& Kühl)* (1861–1879), *Weber* (1863–1877), *Stamp* (1872–1890) und *Ohm* (1885–1911).

In Nübbel wurden von 1840 bis 1892 allein 112 (Eider-)Schniggen gebaut. Als 1897 Hinrich Bock jun. den Eiderbullen *Caroline* für 3900 M baute, ließ er das Holz hierzu eigens aus Emkendorf, Deutsch-Nienhof und Wittensee kommen, wobei die bis dahin stärkste Eiche aus Wittensee mit elf Pferden auf schwierigsten Wegen nach Nübbel gebracht wurde. Ein gutes Eiderschiff kostete damals so viel wie ein Bauernhof. Risse von Eiderschiffen sind aber selten, da fast nie nach Rissen gebaut wurde, sondern ,,na Snut un Mul'', also nach alter überlieferter Gewohnheit und dem Geschick des Baumeisters, wobei Wünsche des Bestellers nach Möglichkeit berücksichtigt wurden.

Das Ende eines „Provisoriums"

Nicht allein handelspolitische Gründe waren es gewesen, die zu einer Verbindung der Nord- mit der Ostsee führten, ebenso zeigten sich die militärischen Kreise an solchen Projekten interessiert; auch Bruyn hatte in seiner Schrift auf verteidigungspolitische Aspekte hingewiesen. Solange es in Deutschland keine Marine gab, blieb dieses Interesse allerdings ohne größere Bedeutung. Erst während der schleswig-holsteinischen Erhebung wurden die Forderungen nach einem neuen, größeren Kanal laut, zumal das Verlegen von Einheiten der schleswig-holsteinischen Marine in den Jahren 1849 und 1850 von der Ost- in die Nordsee und zurück durch den Kanal die Vor- und Nachteile dieses Wasserweges gezeigt hatte. Darüber hinaus entstand in verschiedenen deutschen Staaten eine Bewegung für eine Reichs- oder Bundesmarine, die dann ebenfalls die Möglichkeit einer sicheren Verbindung von Nord- und Ostsee auch für größere Schiffe haben sollte. Im Kriege 1870/71 machte sich das Fehlen einer solchen Verbindung nachdrücklich bemerkbar. Das Anwachsen der Reichsmarine ließ dann die Frage immer dringlicher werden, da die Flotte im Kriegsfall nur geteilt auf zwei getrennten Meeren operieren konnte, sobald die Ost-West-Passage um Skagen nicht mehr möglich war.

Abb. 36 Schleuse bei Königsförde mit den neuen gußeisernen Brückenportalen, um 1875.

69

Doch es waren nicht nur diese Fragen, die zum Bau eines neuen, des Nord-Ostsee-Kanals führten. Seitens der Handelsschiffahrt wurde auch der Wunsch nach einem „zu allen Zeiten fahrbaren Weg" laut, also nach einer von den Tages- und Jahreszeiten unabhängigen, ständig befahrbaren Verbindung. Der Übergang vom Segelschiff zum Dampfer führte außerdem zu immer größeren Schiffen; diesen Größenverhältnissen war der Schleswig-Holsteinische Kanal jedoch nicht gewachsen, so daß auch der handelspolitische Wert des Kanals ständig sank. Mit dem Aufkommen der Dampfschiffahrt war der Niedergang der Schleppschiffahrt verbunden. Im Vergleich zur Gesamtentwicklung des Nord-Ostsee-Verkehrs sank die Bedeutung dieser Wasserstraße vom Beginn der 1860er Jahre an trotz Zunahme der absoluten Durchgangszahlen ständig. Das Schicksal des Schleswig-Holsteinischen Kanals entschied sich, als 1885/86 auf Betreiben Bismarcks der Bau des Nord-Ostsee-Kanals beschlossen wurde; es war der 27. Plan nach 1784 zur Verbesserung der Nord-Ostsee-Verbindung und der einzige, der verwirklicht wurde, wozu das stark ausgeprägte nationalstaatliche Denken der Zeit sicherlich beigetragen hat.

Da der neue Kanal in weiten Strecken das Bett des Schleswig-Holsteinischen Kanals aufnahm, andererseits die Schiffahrt möglichst wenig gestört werden sollte, war der alte Kanal bis kurz vor der Eröffnung des Nord-Ostsee-Kanals trotz manch notwendiger Umleitung in Betrieb;

Abb. 37 Alte Schleuse und Brücke in Holtenau um 1880.

Abb. 38 Alte Schleuse und Brücke in Holtenau während der Abbrucharbeiten zum Nord-Ostsee-Kanal um 1895.

bei den Baumaßnahmen mußte auf einen Verkehr von jährlich 4500 Schiffen Rücksicht genommen werden. Es „wurden daher die Arbeiten von Anfang an in der Weise in Angriff genommen, daß diejenigen Teile des Nord-Ostsee-Kanals, welche Krümmungen und Bogen des alten Kanals abschneiden, mit diesem also nicht zusammenfallen, bis zu einer solchen Tiefe im Trockenen ausgehoben wurden, daß sie, später mit dem Eiderkanal in Verbindung gebracht, selbst dann noch genügende Wassertiefe für den Schiffahrtsverkehr aufwiesen, wenn die Verbindung mit dem Eiderkanal gleichzeitig mit einer Senkung des Wasserspiegels der Schleusenanlagen des letzteren erfolgte. Auch die Uferdeckungen dieser Durchstiche wurden gleich möglichst vollständig fertiggestellt. Die dazwischen liegenden Strecken des Eiderkanals wurden in dieser Zeit durch Baggerung soweit vertieft, daß am Schluß der ersten Bauperiode, 1. Januar 1892, die erste Senkung des Wasserspiegels, und zwar der Scheitelstrecke des Eiderkanals bis auf die nächstniedrigere Haltung, möglich war. Auf den dazwischenliegenden Strecken des Eiderkanals, die eine Gesamtlänge von 6 Kilometern umfassen, mußte durch Baggerung eine Tiefe von 6½ Metern hergestellt werden.

Am Schluß dieser Bauperiode wurden die Durchstiche voll Wasser gelassen, die Zwischendämme beseitigt und der Schiffsverkehr aus dem Oberwasser der Knooper Schleuse direkt in den neuen Kanal geleitet, von wo er bei dem Gut Klein-Königsförde durch einen provisorischen Durchstich wieder in den alten Kanal, und zwar in das Unterwasser der

40, 41

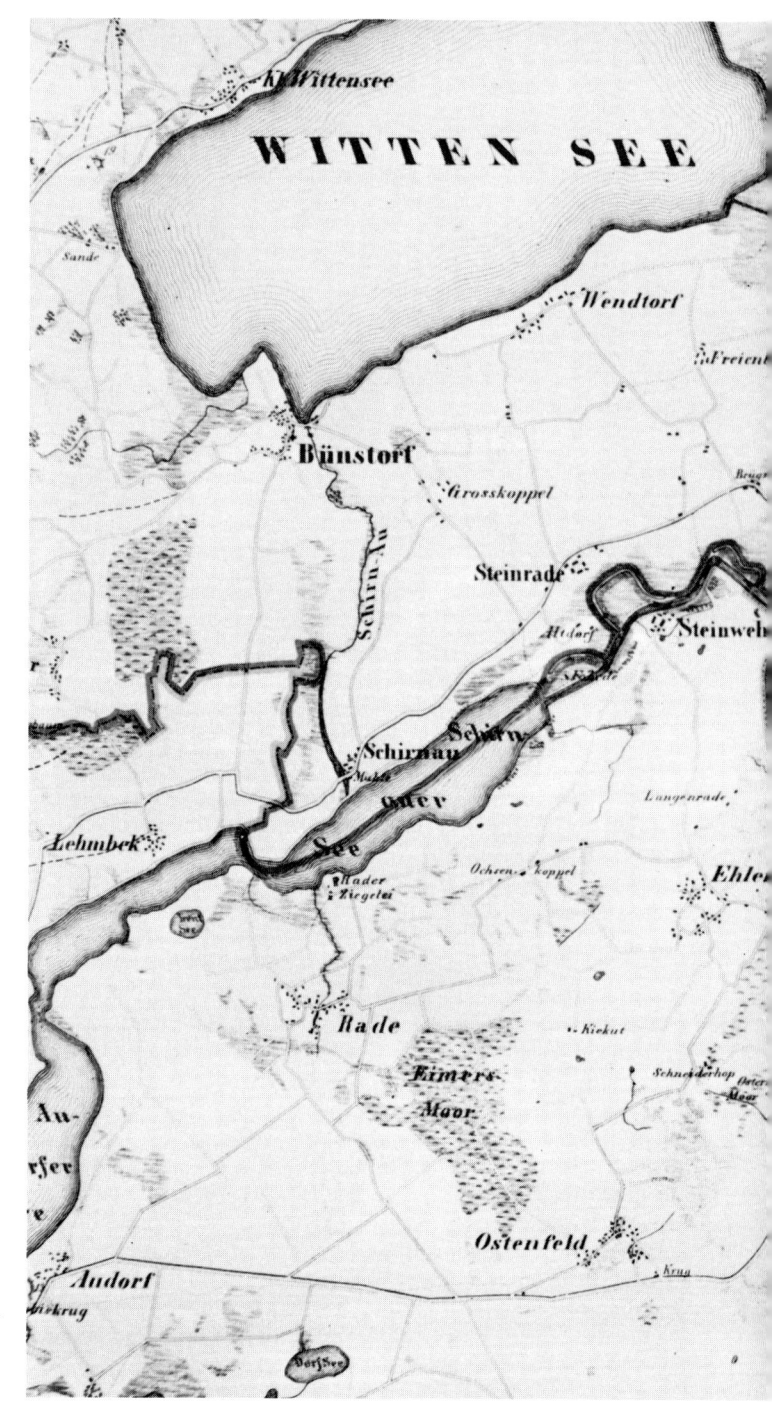

Abb. 39 Karte vom Kriegsschauplatz in Schleswig (Ausschnitt) von F.(ranz) Geerz, Altona 1850.

Abb. 40 Eisenbahnbrücke der Strecke Kiel–Eckernförde über den Eiderkanal bei Wittenbek während der Arbeiten zum Nord-Ostsee-Kanal, um 1895.

Königsförder Schleuse überging . . . Nach dieser ersten Senkung des Wasserspiegels war also die Scheitelhaltung des Eiderkanals, welche früher zwischen Rathmannsdorf und Königsförde bestanden und etwa 2½ Meter höher lag als diejenige der nächsten Schleusenhaltung zwischen Knoop und Kluvensieck, auf das Niveau dieser letzten Strecke gesenkt. Die nächste Senkung der weiteren Schleusenhaltungen sollte ursprünglich in 2 Perioden stattfinden, jedoch hat man sich auf Grund der guten Erfahrungen, die man bei der ersten Senkung gemacht hat, entschlossen, beide Wasserhaltungen an einem Termin, und zwar gleichzeitig am 1. Januar 1893 aufzulassen. Die Vornahme der Senkungen dauert etwa 4 Monate, während welcher Zeit (bis Mai 1893) der Schiffahrtsverkehr auf dem Eiderkanal geschlossen bleiben muß. Um diese Senkung vornehmen zu können, mußten die Strecken des Nord-Ostsee-Kanals sowohl wie auch diejenigen benutzten Teile des alten Eiderkanals entsprechend vertieft werden, um ein Fahrwasser von mindestens 4 Meter nutzbarer Wassertiefe zu erhalten. Das Aufgeben der Holtenauer Schleuse kann jedoch erst im Frühjahr 1895 stattfinden, da die Vollendung der Schleusen bei Holtenau und Brunsbüttel eine dementsprechende Zeit in Anspruch nimmt.["21]

Mit der Eröffnung des Nord-Ostsee-Kanals nach achtjähriger Bauzeit am 20. Juni 1895 blieben von dem alten Kanal nur noch einige wenige

Reste als Zeugen einer der großen technischen Pioniertaten des 18. Jahrhunderts übrig: Teilstrecken in Holtenau bei der „Kanalinsel", beim Gut Projensdorf, beim Gut Rosenkrantz, bei Klein-Königsförde und bei Kluvensiek, die Rathmannsdorfer, Königsförder und Kluvensieker Schleuse, der Obelisk in Holtenau, die Brücke in Kluvensiek, die Packhäuser in Holtenau, Rendsburg und Tönning. Es sind teilweise idyllische Landschaftsteile, und die erhaltenen Reststrecken bieten Naturschönheiten, die schon früher, als hier noch reger Schiffsverkehr herrschte, wiederholt gepriesen wurden.

44–50
15
10, 14, 17, 18, 30–32

Paul Verne, der Bruder Jules Vernes, des großen Romanschriftstellers und Phantasten, schrieb vor etwa hundert Jahren über eine Fahrt auf der „Saint Michel", der Dampfjacht seines Bruders, durch den Schleswig-Holsteinischen Kanal:

„Am 15. Juni gegen Abend kamen wir in dem Hafen von Tönning an, der eine herrliche Lage am rechten Eiderufer hat, und nachdem am folgenden Morgen Kohle gefaßt war, besorgten wir uns einen Lootsen nach Rendsburg, dem Punkte, wo der eigentliche Kanal seinen Anfang nimmt . . .

Zunächst fährt man von hier aus also den reizenden Eiderfluß hinauf, der sich in unzähligen Krümmungen dahinwindet. Oft kommt man

Abb. 41 Alte Knooper Zugbrücke während der Arbeiten zum Nord-Ostsee-Kanal, um 1895. – Im Hintergrund das Gerüst der Levensauer Hochbrücke.

Abb. 42 Nord-Ostsee-Kanal, Einschnitt bei km 95, August 1892.

ganz nahe an den Punkt wieder zurück, wo man vorher war, und ich
schätze die Länge der Wasserstraße von Tönning nach Rendsburg zu
mindestens hundertfünfzig Kilometern, während die Luftlinie gewiß
nicht mehr als etwa achtzig beträgt . . .

Von Rendsburg bis Kiel führt der Kanal durch einen wirklichen Park,
eine Art Saint Cloud, aber mit zweihundert Fuß hohen Bäumen, vor-
züglich Buchen, welche an Stelle der Eichen und Weidenbäume der
Vorzeit getreten sind. Hier erweitert sich die Eider zu einem ausgedehn-
ten und ruhigen Wasserbecken, welche das Bild ihrer anmuthigen Ufer
unverändert widerspiegeln; weiterhin zieht sich der Fluß zusammen
und windet sich in zahllosen Biegungen unter gigantischen Bäumen
hin, deren Kronen sich über seinem Bette berühren und ein für die
Sonnenstrahlen undurchdringliches Blättergewölbe bilden. Die Jacht
gleitet ruhig durch den geheimnisvollen Laubengang, zwischen hölzer-
nen Baken und geflochtenen Uferwänden hin. Die Fahrt scheint nach
unbekannten Welten zu gehen. Rings um das Schiff säuselt und zittert
ein Blättermeer und das Ufer verschwindet gänzlich unter dem dunkel-
glänzenden Grün. Rosenstöcke neigen sich bei unserem unerwarteten
Erscheinen; Wasserpflanzen mit grünen, still daliegenden Blättern
scheinen zu erschrecken und tauchen in die schützende Tiefe, dagegen
bleiben – wie um der bezaubernden Landschaft einen bestimmten
Stempel aufzudrücken –, während Buchfinken und Stieglitze eilends
entfliehen, die Störche furchtlos stehen, wenn wir vorüberfahren, erhe-

76

ben sich dann raschen Fluges und suchen einen Platz auf den Gipfeln der Bäume oder auf dem Radneste der originellen Bauerngehöfte . . .

Wir mußten inzwischen sechs Schleusen, zwei Eisenbahn-Drehbrükken und vier oder fünf gewöhnliche Zugbrücken passieren. Die letzteren zeichnen sich durch ihre erstaunliche Einfachheit aus: zwei Männer, auf jeder Seite einer, genügen, um dieselbe mit Hilfe eines sorgfältig berechneten Systems von Gegengewichten in wenig Sekunden zu öffnen und zu schließen.

Was beginnt man aber, während die Jacht durch das Kammerwasser gehoben und gesenkt wird, je nach der Seite der Wasserscheide, auf der man sich befindet? Nun, man lustwandelt auf den sauber wie Parkwege unterhaltenen Leinpfaden, man legt sich träumend in den dichten Schatten, der mit erquickender Kühlung labt. Freundliche Schänken, meist da errichtet, wo der Leinpfad einen Winkel bildet, laden mit ihren angestrichenen Holztischen zu einem Glase vortrefflichen, schäumenden Bieres ein. Alles ringsum ist voller fröhlichen Lebens, reinlich, wirklich bezaubernd."[22]

Abb. 43 Gedenkplatte an der Westseite der Schleuse bei Kluvensiek zur Erinnerung an die Erneuerung in den Jahren 1849/50. Die Platte wurde im Sommer 1962 gestohlen.

Abb. 44 Rathmannsdorfer Schleuse mit Hauptkammer (rechts) und Nebenkammer (links), Juli 1978.

Abb. 45 Rathmannsdorfer Schleuse und ehem. Schleusenwärterhaus (weißes Haus in der Mitte), März 1980.

Abb. 46 Rathmannsdorfer Schleuse, Hauptkammer, Mai 1980.

Abb. 47 Rathmannsdorfer Schleuse, Stein zur Erinnerung an den Bau der Schleuse mit der Inschrift ANNO MDCCLXXXI (= 1781).

Abb. 48 Schleuse bei Königsförde mit Reststück des Kanalbettes (oben) und
Brückenwärterhaus (Mitte rechts, traufenständig zum Weg), März 1980.

Abb. 49 Schleuse bei Kluvensiek mit Ausweichstelle (Mitte oben), Schleusenwärterhaus und Pferdestation (Mitte links), März 1980.

Abb. 50 Teilstück des Eiderkanals bei Kluvensiek mit Nord-Ostsee-Kanal (oben), März 1980.

Rudimente des Eiderkanals

Packhaus und Obelisk	Kiel–Holtenau	Kanalstr. 61–65 in der Nähe des alten Leuchtturms
1 km Kanalstrecke	Kiel–Holtenau	parallel zur Kanalstraße vom Übergang Schleuseninsel bis zur Anlegestelle der Personenfähre
2 km Kanalstrecke mit Rathmannsdorfer Schleuse, ehem. Schleusenwärterhaus und Abschlußstein	2 km westlich von Kiel–Holtenau ab Gut Projensdorf	Zu erreichen a) von der B 76 über Rathmannsdorf in Richtung Altenholz und nach ca. 1,5 km Feldweg nach Süden unter der Eisenbahnbrücke hindurch b) über Kiel-Holtenau auf der Knooper Landstraße bis Gut Knoop und dort zum Gut Projensdorf abbiegen
1 km Kanalstrecke	Schinkel	Von der B 76 über Neuwittenbek durch Schinkel zum Gut Rosenkranz, ca. 50 m südlich der Gutsanlage
1,5 km Kanalstrecke mit Schleuse Klein-Königsförde und ehem. Schleusenwärterhaus	Klein-Königsförde	Von der B 202 bei Bredenbek nach Klein-Königsförde und oberhalb der Uferböschung des Nord-Ostsee-Kanals weiter der rechten Kurve
6 km Kanalstrecke mit Schleuse Kluvensiek, Zugbrücke (Portale), Ausweichstelle, Schleusenwärterhaus, ehem. Pferdestation und Treidelpfad (Teilstück)	Kluvensiek	Von der B 202 in Bovenau abbiegen nach Sehestedt in der Nähe des Gutes Kluvensiek (Hinweisschild „Alter Eiderkanal")
Packhaus, ehem. Zollhaus, ehem. Schleusenwärterhaus und ehem. Kanalstück (Gerhardsteich)	Rendsburg	Am Thormannplatz und an der Hollesenstraße (nördl. Ufer der Untereider)
Packhaus	Tönning	Am Südufer des Hafens in der Nähe des Zollamtes

Anmerkungen

1. *Woltman*, S. 337
2. *Hansen*, S. 27 f.
3. *Hansen*, S. 33
4. Rendsburgs Chronikbilder. In: Beilage zum Rendsburger Wochenblatt, Nr. 24 vom 22. März 1884
5. Rendsburgs Chronikbilder. In: Beilage zum Rendsburger Wochenblatt, Nr. 26 vom 29. März 1884
6. *Otto Neumann*, Die Zimmermeister Holler und der Eiderkanal. In: Brunsbütteler Rundschau vom 16. November 1957
7. *Neumann*, wie Anm. 6
8. *Cramer*, S. 13
9. *Woltman*, S. 341
10. Rendsburgs Chronikbilder. In: Beilage zum Rendsburger Wochenblatt, Nr. 28 vom 5. April 1884
11. *Cramer*, S. 19
12. *Hirschfeld*, S. 156
13. *Hirschfeld*, S. 160
14. *Walter Trede*, Dänisch-Wohld, Rendsburg 1951, S. 103
15. § 9 Reglement für die Eiderlootsenbrüderschaft zu Tönning vom 31. März 1802. In: Chronologische Sammlung der Verordnungen . . . von 1802, Nr. 15
16. *A. C. Gudme*, Bemerkungen über die projektirte Verbindung der Ostsee und der Niederelbe mittelst eines Barkenkanals, Schleswig 1820
17. *F. K. Volkmar*, Versuch einer Beschreibung von Eiderstedt. In Briefen an einen Freund im Hollsteinischen. Garding 1795, S. 17 (Reprint Husum 1976)
18. *P. A. Nemnich*, Tönning, Beschreibung des Ortes in merkantilistischer Hinsicht, Tönning 1805, S. 25
19. *Nemnich*, wie Anm. 18
20. *Eliza Wille*, Stillleben in bewegter Zeit, Leipzig 1878, S. 6 f.
21. *C. Beseke*, Der Nord-Ostsee-Kanal, Kiel und Leipzig 1893, Reprint St. Peter-Ording 1982, S. 71 f.
22. *Verne*, S. 210 ff.

Literatur-Auswahl

Andresen, Gerd, Ein Beitrag zur Geschichte des Tönninger Hafens, Tönning 1965 (maschinengeschriebenes Manuskript)

Bruyn, Georg, Aufforderung an meine Mitbürger zur Theilnehmung an dem Canal-Handel, Altona 1784

Bruyn, Georg, Opmuntring til mine Medborgere om Deeltagelse i Canal-Handelen, Kiøbenhavn 1784

Clement, Knut Jongbohn, Die schleswig-holsteinischen Seekanal-Projecte, Hamburg 1865

C.(ramer), F.(riderik) E.(rnst), Ueber die Vereinigung der Ost und West See, durch Grabung eines schiffbaren Canales in dem Herzogthume Schleswig, Odense 1781

Dahlström, H., Die Ertragsfähigkeit eines Schleswig-Holsteinischen Seeschiffahrt-Kanals, Hamburg 1879

Detlefsen, Nicolaus, Die Kieler Stadtteile nördlich des Kanals – Holtenau, Pries, Friedrichsort, Schilksee, Neumünster 1978 (= Mitteilungen der Gesellschaft für Kieler Stadtgeschichte, Band 65)

Eckardt, H.(einrich), Alt-Kiel in Wort und Bild, Neumünster 1975 (Reprint)

Gloy, A., Aus Kiels Vergangenheit und Gegenwart, Kiel 1926

Hansen, Reimer, Der Nord-Ostsee-Kanal-Plan Herzog Adolfs von Schleswig-Holstein-Gottorf aus dem Jahre 1571. In: Mitteilungen des Canal-Vereins, H. 2, Rendsburg 1981, S. 7–38

Hirschfeld, Wilh(elm), Wegweiser durch die Herzogthümer Schleswig und Holstein, Kiel 1847

Jessen-Klingenberg, Manfred, Vom Eiderkanal zum Nord-Ostsee-Kanal. In: Zerssen & Co. 1839–1964, Die Geschichte einer Firma durch 125 Jahre, Rendsburg 1964

Jungjohann + Hoffmann + Krug, Untersuchung der Eiderkanalschleusen (= Schleusengutachten Canal-Verein). In: Mitteilungen des Canal-Vereins, H. 3, Rendsburg 1982, S. 19–101

Klose, Olaf/Degn, Christian, Die Herzogtümer im Gesamtstaat 1721–1830 (= Geschichte Schleswig-Holsteins, Band 6), Neumünster 1960

Kruse, Iven/Ahlmann, Johannes, Aktien-Gesellschaft der Holler'schen Carlshütte bei Rendsburg 1827–1927 (Rendsburg 1927)

Lund, J(ohan) C(ornelius), Beschreibung einer im Winter 1841 gemachten Reparatur einer Schleuse des Schleswig-Holsteinischen Kanals, Kiel 1841

Pentz, Karl-Heinz, Der ehemalige Eiderkanal, eine heimatkundliche Untersuchung, Kiel 1951 (maschinengeschriebenes Manuskript)

Purlitz, Dr. Friedr.(ich), Das Deutsche Lotsenwesen, Bremerhaven 1903

Rasch, Aa.(ge), Den kgl. Kanalkommissions arkiv 1774 ff. In: Arkiv, 3. Bd., Nr. 1, 1969, S. 118–126

Rasch, Aage, Ejderkanalen, Åbenrå 1978 (= Skrifter Nr. 47, Udgivne af Historisk Samfund for Sønderjylland)

Rendsburg, Stadt, Festgabe der Stadt Rendsburg zur Feier des 100jährigen Bestehens des Schleswig-Holsteinischen Kanals, Kiel 1884

Stolz, Gerd, Am alten Eiderkanal. In: Schleswig-Holstein, H. 3, März 1973, S. 74 ff.

Stolz, Gerd, Letzte Zeugen – die Rudimente eines Wirtschafts- und Verkehrssystems. In: Mitteilungen des Canal-Vereins, H. 1, Rendsburg 1980, S. 41–48

Szymanski, Hans, Deutsche Segelschiffe (= Veröffentlichungen des Instituts für Meereskunde, Neue Folge, B. Historisch-volkswirtschaftliche Reihe, H. 10), Berlin 1934

Verne, Paul, Von Rotterdam nach Kopenhagen an Bord der Dampfjacht „Saint Michel", Wien 1882

Woltman, Reinhard, Beyträge zur Baukunst schiffbarer Kanäle, Göttingen 1802

Zerssen, Konsul J.(ohann) C.(hristian von), Denkschrift betreffend die Schiffahrt durch den Eidercanal und auf Orte an der Eider, Rendsburg 1863

Bildnachweis

Gemeindearchiv Gettorf: 36, 41
Handels- og Søfahrtsmuseet på Kronborg, Helsingør: 4
Kreisheimatmuseum Rendsburg: 23, 25
Landesamt für Denkmalpflege Schleswig-Holstein, Kiel: 2, 3, 11, 15, 17, 18, 27, 28, 29, 32, 44, 45 (Freigegeben Nr. SH-914-213), 47, 48 (Freigegeben Nr. SH-914-210), 49 (Freigegeben Nr. SH-914-182), 50 (Freigegeben Nr. SH-914-207)
Landesarchiv Schleswig-Holstein, Schleswig: 1
Landesvermessungsamt Schleswig-Holstein, Kiel: 39
Lotsenbrüderschaft Holtenau, Kiel: 9, 16, 24, 26, 37, 40, 42
Nasjonalgalleriet, Oslo: 19, 20
Nationalhistorisk Museum på Frederiksborg, Hillerød: 5
Rigsarkivet, Kopenhagen: 6
Schleswig-Holsteinische Landesbibliothek, Kiel: 10, 12, 13, 14, 22
Schleswig-Holsteinisches Landesmuseum für Kunst und Kulturgeschichte, Schleswig: Titelbild, 7, 8
Stadtarchiv Kiel: 38
Gerd Stolz, Kiel: 21, 30, 46
Heinrich Suhr, Hammer b Sehestedt: 43
Szymanski, Deutsche Segelschiffe: 33, 34, 35
Eiderstedter Heimatmuseum, St. Peter-Ording: 31

Den Archiven, Bibliotheken und Museen gilt mein Dank für die hilfsbereite Unterstützung, insbesondere Herrn Demnick vom Landesamt für Denkmalpflege Schleswig-Holstein. Herr Prof. Dr. Schlee, Schleswig, und die Provinzial-Versicherungsgruppe haben die Herausgabe dieser Arbeit mit stetem Interesse und Rat gefördert, der Canal-Verein, Rendsburg, schon von Beginn an manchen Hinweis gegeben. Regen Anteil an der Arbeit nahm auch Herr Heyo Wulf, Selent, der eine kritische Durchsicht des Manuskriptes besorgte.

Profil
nach der Länge des Canals, wie die Waserhöhe vermittelst der Schleus

Profil
Nach der Breite des Canals wo derselbe 50 Fuß tief gegraben ist.

ZU DER HOHNER HARDE GEHÖRIGEN LÄNDEREYEN.

Zu den Güthern Schirnau Schestedt

RENDSBURG

ANTE RENDSBURG GEHÖRIGE LÄNDEREYEN.